Projeto
Felizes para Sempre

Projeto
Felizes para Sempre

Alisa Bowman

SEXTANTE

Título original: *Project: Happily Ever After*

Copyright © 2010 por Alisa Bowman
Copyright da tradução © 2011 por GMT Editores Ltda.
Todos os direitos reservados. Nenhuma parte deste livro pode ser utilizada ou reproduzida sob quaisquer meios existentes sem autorização por escrito dos editores.

tradução: *Simone Reisner*
preparo de originais: *Alice Dias*
revisão: *Ana Lúcia Machado e José Tedin*
projeto gráfico e diagramação: *Ilustrarte Design e Produção Editorial*
capa: *Joshua McDonnell*
imagem de capa: *Marc Burckhardt*
adaptação de capa: *Miriam Lerner*
impressão e acabamento: *Lis Gráfica e Editora Ltda.*

CIP-BRASIL. CATALOGAÇÃO-NA-FONTE
SINDICATO NACIONAL DOS EDITORES DE LIVROS, RJ

B783p Bowman, Alisa
      Projeto felizes para sempre / Alisa Bowman [tradução de Simone Reisner]; Rio de Janeiro: Sextante, 2011.
      256p.: 14x21 cm

      Tradução de: Project: happily ever after
      ISBN 978-85-7542-726-2

      1. Relação homem-mulher. 2. Casamento. 3. Amor. 4. Pessoas casadas – Psicologia. 5. Conflito conjugal. I. Título.

11-6429   CDD: 646.77
                                                                          CDU: 392.4

Todos os direitos reservados, no Brasil, por GMT Editores Ltda.
Rua Voluntários da Pátria, 45 – Gr. 1.404 – Botafogo – 22270-000 – Rio de Janeiro – RJ
Tel.: (21) 2538-4100 – Fax: (21) 2286-9244
E-mail: atendimento@esextante.com.br
www.sextante.com.br

Sumário

Introdução 9

CAPÍTULO 1   Era uma vez 13
CAPÍTULO 2   Uma donzela 22
CAPÍTULO 3   Que conheceu um príncipe 33
CAPÍTULO 4   Eles se casaram e ele virou um sapo 55
CAPÍTULO 5   Então ela deu início a um projeto 113
CAPÍTULO 6   Para perdoá-lo 119
CAPÍTULO 7   Para desejá-lo 139
CAPÍTULO 8   E para se sentir adorada por ele 167
CAPÍTULO 9   Puf! Ele virou um príncipe outra vez... Será? 192
CAPÍTULO 10   Eles aprenderam uma linguagem comum 194
CAPÍTULO 11   E revelaram sua alma 208
CAPÍTULO 12   E assim viveram felizes para sempre (pelo menos na maior parte do tempo) 222
CAPÍTULO 13   Fim 236

Epílogo 239
Bônus especial 242
   10 passos para vocês viverem Felizes para Sempre 243
   Questões para reflexão 253
   Nota da autora 255

Para Kaarina

Introdução

Está tudo bem. De verdade.
Tudo bem se você não tem um pingo de desejo de ir para a cama com seu marido, seja nesta encarnação ou na próxima.
Tudo bem se, várias vezes por semana, por dia ou por hora, você tem fantasias com seu marido caindo morto bem diante de seus olhos.
Tudo bem se você já fez uma enorme lista de homens com quem certamente sairia (ou até se casaria) no instante em que seu atual cônjuge passasse à condição de falecido.
Tudo bem se você tem horror da hora em que seu marido chega do trabalho.
Tudo bem se você não consegue pensar em uma única palavra para dizer a ele durante o jantar.
Tudo bem se você não faz a mínima ideia de onde estava com a cabeça quando resolveu se casar com esse cara.
Tudo bem se você esbraveja contra seu marido com tanta frequência que seus familiares e amigos tenham feito um bolão para ver quem acerta quanto tempo o seu casamento ainda vai durar.
Sério, está tudo bem. Você é absolutamente normal. Na verdade, você e seu casamento estão totalmente dentro dos padrões.

Mas é claro que você anda preocupada, achando que as coisas não estão nada bem. Aliás, deve acreditar que esses pensamentos e sentimentos tornam você uma forte candidata ao prêmio de Pior Esposa do Mundo.

Você fica ainda mais tensa porque acha que é a única pessoa nessa situação. Imagina que nenhum de seus amigos, parentes, colegas ou conhecidos tenha planejado o enterro de um cônjuge que está vendendo saúde. Acredita que, mesmo depois de tantos anos de casamento, eles ainda sentem a mesma atração que sentiam quando se conheceram.

Você imagina tudo isso porque ninguém admite que é infeliz no casamento. Nenhuma mulher confessa que tem pavor só de pensar na ideia de transar com o próprio marido. E, como ninguém fala sobre isso, você se sente só, achando que é o único ser humano do planeta que teve o azar de se casar com a pessoa errada.

Mas não é.

Definitivamente, não é. Para começo de conversa, eu existo. E imaginei, senti e fiz tudo o que acabei de mencionar. E inúmeras outras pessoas também. Milhares de criaturas infelizes no casamento já leram meu blog e me agradeceram por expor a fantasia da morte, da qual compartilhavam, mas jamais tiveram coragem de assumir.

O que eu posso dizer é o seguinte: não importa quanto o seu casamento esteja ruim. Provavelmente, ele pode melhorar. Não importa que você acredite que se casou com a pessoa errada. Provavelmente, isso não é verdade. Não importa que sua sogra já tenha declarado que seu casamento não tem solução e lhe pedido de volta a travessa de prata que pertence à família dela há muitas gerações. Provavelmente, você pode demonstrar que ela está enganada.

Foi por isso que escrevi este livro – porque já passei pelo que você está passando agora. No ano de 2007, planejei cada detalhe do meu divórcio. Também elaborei minuciosamente o enterro do meu saudável marido. Até que um dia uma amiga me disse que eu precisava me esforçar mais, que eu precisava tentar de tudo antes de desistir.

E foi o que fiz. Li 12 livros sobre como salvar um casamento, entrevistei casais felizes (todos os três) e analisei os dados.

Em apenas quatro meses, meu casamento evoluiu de 2 para 8 na Escala da Felicidade Conjugal e eu me descobri renovando meus votos.

Hoje me sinto mais próxima do que nunca do meu marido e agradeço todos os dias à amiga que me incentivou a tentar consertar as coisas.

É por isso que sei que existe esperança para você. Ora, se o meu desastroso casamento pôde ser salvo, praticamente qualquer um também pode.

Mas você quer mais do que esperança, não é mesmo? Você deseja 100% de garantia. Quando embarquei no meu projeto, eu também queria isso. Gostaria muito de poder lhe oferecer a certeza de que vai dar tudo certo, mas não posso. Ninguém – nem eu, nem seus pais, nem seu terapeuta ou seu cônjuge – pode ter absoluta certeza de que seu esforço vai fazer seu conto de fadas ter um final feliz.

Então você vai ter que se arriscar. Mas uma coisa eu garanto: se você fizer isso, sua vida vai melhorar. Você ficará mais forte, mais feliz, mais segura e mais confiante. Não haverá do que se arrepender. E, mesmo que seu projeto não salve o seu casamento, ele vai salvar *você*.

Arrisque-se.

Tente de tudo.

Comece agora mesmo o seu Projeto Felizes para Sempre.

CAPÍTULO 1

Era uma vez

Maio de 2007

*"Sonhei que meu amor tinha chegado
e me encontrado morto."*
—William Shakespeare, *Romeu e Julieta*

Eu percebi que havia algo terrivelmente errado com meu casamento quando planejei o funeral do meu marido. Isso aconteceu entre o final de 2006 e o início de 2007, pouco antes de Mark fazer 41 anos. Durante aquele período, fantasiei umas 210 vezes o dia em que Röbi, um dos melhores amigos dele, chegaria a minha casa e, com a voz trêmula, me diria: "É melhor você se sentar. Tenho uma notícia horrível. Mark teve um infarto fulminante. Os médicos fizeram de tudo para reanimá-lo, mas ele não resistiu. Sinto muito." Röbi me levaria até o hospital. Depois de olhar bem para o corpo, eu telefonaria para avisar os pais dele.

Eu tomaria todas as providências. Mark seria cremado. Suas cinzas seriam guardadas em uma urna até que nossa filha, Kaarina, tivesse idade bastante para decidir onde iríamos espalhá--las. O funeral não aconteceria em uma igreja ou casa funerária, mas no Farmhouse, seu restaurante predileto e onde nos conhecemos. Os convidados beberiam algumas das marcas de cerveja que Mark mais apreciava. O chef Michael prepararia os pratos preferidos de meu marido, incluindo sopa de abóbora, pãezinhos e carne de carneiro. De sobremesa, strudel de maçã. Ele adorava strudel de maçã.

Um cinegrafista seria contratado para filmar o evento e registrar os depoimentos de amigos e familiares. Röbi, por exemplo, poderia falar sobre o amor de Mark por sua bicicleta. Taylor diria algo interessante sobre Mark e sua loja de bicicletas. Talvez Wood contasse alguma história envolvendo bebidas. Ken poderia falar sobre as muitas viagens que os dois fizeram para assistir às corridas de Fórmula 1 em Montreal. Jeff mencionaria algo sobre alpinismo ou caiaque. Eu guardaria esse filme em algum lugar seguro, talvez no mesmo cofre em que guardo nossos seguros de vida e passaportes. Ele ficaria ali até o dia que Kaarina quisesse saber mais sobre o pai. Eu tiraria o filme do cofre e deixaria que ela o assistisse.

O grande problema é que eu travava na hora de planejar o meu discurso. O que eu poderia dizer? O que deveria dizer? Acho que seria adequado declarar algo positivo, é claro, mas só conseguia pensar em coisas ruins. Talvez eu não dissesse nada. Algumas viúvas ficam desesperadas demais para falar, certo? Mas será que as pessoas não perceberiam meus olhos secos? Não achariam que havia algo estranhamente sereno em minha expressão? Será que os mais observadores não se perguntariam: "Ela está aliviada?"

Mas a verdade é que seria muito mais provável que Mark morresse de velhice do que do coração. Não havia histórico de doenças cardíacas na família dele. No entanto, continuar casada com ele até ficar velha me parecia insuportável, e a alternativa, o divórcio, era igualmente assustadora.

Eu nem gostava de pronunciar essa palavra em voz alta. Seria a primeira a quebrar a tradição da minha família de continuar casada apesar das incontáveis desavenças? Meus avós paternos ficaram juntos por mais de 60 anos. Apesar de viverem importunando um ao outro, meus avós maternos provavelmente teriam atingido um marco histórico se vovô não tivesse morrido aos 55 anos. Meus pais estavam casados há mais de quatro décadas e os de Mark, também.

Ao contrário da fantasia sobre a morte, o planejamento do meu divórcio não era fictício. Era um plano de fuga muito real. Mark e eu dividiríamos amigavelmente a guarda de nossa filha. Dividiríamos os investimentos meio a meio. Ele ficaria com o colchão d'água. Eu ficaria com a cama de casal do quarto de hóspedes. Ele iria querer a cadeira do papai, então eu ficaria com a cadeira de balanço da varanda. Ele ficaria com os sofás. Eu, com a mesa da sala de jantar e as peças de decoração. Eu o deixaria levar a churrasqueira.

Eu ficaria com o cachorro, mas, se fosse necessário, poderíamos chegar a um acordo sobre a custódia. Nós dois adorávamos Rhodes.

Eu disse a mim mesma que permaneceria casada até que começasse a pensar em divórcio todos os dias. Manteria o meu casamento até o momento em que a ideia de perder metade do que havíamos construído juntos parecesse menos deprimente do que ficar ao lado de um homem que não demonstrava me amar. Ficaria casada até que eu achasse mais saudável ver nossa filha crescer num lar desfeito do que ao lado de pais que nunca sorriam um para o outro. Ficaria casada até que a possibilidade de contar aos meus pais que estávamos nos separando me parecesse menos perturbadora do que a ideia de enfrentar os encontros de família junto com ele.

Foi em maio de 2007 que tudo mudou.

Uma noite, fui até Nova York jantar com Deb, uma grande amiga que estava na cidade para uma conferência. Ela é alta, morena, e tem cabelos ondulados. Nós nos conhecemos muitos anos atrás, num clube de leitura. Por mais aborrecida que eu estivesse, sempre que me encontrava com Deb acabava me sentindo mais leve e mais feliz.

Ela parece ser capaz de ler meus pensamentos. Quando me ouvia dizer "Está tudo ótimo", imediatamente replicava: "Pode ir parando. Me conte a verdade." Ela me ouvia o tempo que fosse necessário, até que eu parava de falar e ela fazia uma única pergunta, que me deixava sem palavras. Um ano antes, Deb havia se mudado para outro estado e paramos de nos ver com frequência. Eu sentia imensa falta dela.

> Os verdadeiros amigos não falam o que você
> deseja ouvir. Eles são corajosos o bastante para
> lhe dizer o que você precisa saber.

Naquele dia, ficamos no bar do restaurante enquanto esperávamos uma mesa. Quando nos sentamos, pedimos duas taças de vinho e uma tábua de queijos. Quando esvaziamos os copos, decidimos pedir uma garrafa inteira. Deb tinha um blog sobre vinhos e havia escrito um livro sobre o assunto. Ela estava indecisa sobre qual safra escolher; então abriu a bolsa, pegou o celular e ligou para Keith, seu marido, que conhecia vinhos ainda mais do que ela.

Fiquei ouvindo a conversa. Observei-a gesticular e sorrir. Pensei em meu casamento. Pensei em meu celular, que não havia saído da minha bolsa desde que eu chegara ali, horas antes. Eu não tinha telefonado para o meu marido para avisar que chegara bem. Eu não havia ligado para saber como ele estava. Eu não havia pensado nele uma única vez.

Enquanto isso, Deb estava contando para Keith sobre a conferência, o hotel e o restaurante. Eles falavam como se não se vissem há semanas, como se tivessem tanto a dizer um ao outro que poderiam passar a noite inteira conversando ao telefone.

Eu não pensava em ligar para Mark. Não agora. Nem mais tarde. Nem no dia seguinte. Tinha medo de telefonar e ouvir uma voz que pareceria infeliz ao escutar a minha. Ele estaria apressado, como se tivesse milhares de coisas mais importantes a fazer do que falar comigo. Eu queria ter uma relação como a de Deb e Keith, mas não acreditava que seria possível.

Deb desligou o telefone. Ela havia tomado uma decisão. Fez o pedido ao garçom. O vinho chegou. Perto do final da garrafa, ela perguntou:

– Como vai Mark?
Em meu estado avançado de embriaguez, relatei os sete milhões de motivos que me deixavam tão infeliz. Ela ouviu pacientemente.
– Meu casamento acabou – reclamei.
Ela balançou a cabeça. Continuei falando.
– Todas as vezes que telefono para Mark, ele parece insatisfeito por falar comigo, como se eu o estivesse atrapalhando. Acho que ele me odeia.
Ela balançou a cabeça de novo.
– Ele nunca me ajuda com a Kaarina. Nunca está em casa. É como se eu fosse mãe solteira. Sou eu quem praticamente paga todas as contas. Cuido da casa sozinha. Estou exausta. Não posso continuar assim por muito tempo. Quero me sentir amada e acho que ele não me ama mais.
– Por que vocês ainda estão juntos? – Deb perguntou.
– Só estou com ele pelo bem de Kaarina – respondi. – Não sobrou nada entre nós. Se não tivéssemos uma filha, não teríamos nada em comum.
– Vocês não têm que ficar juntos por causa dela – disse Deb.
– Kaarina vai ficar bem se vocês se divorciarem. Meu filho não teve nenhum problema depois que me separei do meu primeiro marido. Inúmeras crianças ficam ótimas depois do divórcio dos pais. Você vai prejudicá-la muito mais mantendo um casamento sem amor do que saindo dele.
– Como você soube que estava na hora de desistir? – indaguei.
– Eu soube que não tinha mais jeito quando propus que procurássemos um aconselhamento conjugal e ele se recusou a ir. Fiquei sem opção. Você já tentou de tudo? Tentou fazer uma terapia de casal?
Ali estava ela, a pergunta que me deixaria sem palavras. Não, não havíamos tentado nada disso. Em vez de tentar buscar ajuda profissional, eu tentei chorar. Tentei gritar coisas como "Nosso casamento foi por água abaixo!" e "Estou muito infeliz!". Uma vez,

cheguei a sugerir que fizéssemos terapia de casais realmente, mas a ideia soou mais como ameaça do que como proposta. Ele respondeu: "Se você acha que precisamos disso, posso arranjar tempo livre." Mas nenhum dos dois se preocupou em arranjar tempo algum. Eu tinha o cartão de um terapeuta. Será que não telefonei para ele porque, no fundo, eu desejava que meu casamento fracassasse?

– Você precisa se esforçar mais – disse ela, enquanto pagávamos a conta. – Prometa que vai tentar de tudo. Provavelmente, ele só precisa ouvir da sua boca quais são os seus desejos. Os homens são péssimos para entender essas coisas.

Eu prometi.

> Tente de tudo para salvar seu casamento, mesmo aquilo que você acha que não vai funcionar. Se nada der certo, ou se o seu parceiro se recusar a tentar o que quer que seja, pense na hipótese do divórcio. Ninguém merece ficar preso a um casamento infeliz – nem você.

Na manhã seguinte acordei com uma terrível dor de cabeça, a boca seca e o coração cheio de esperança. Eu ia consertar meu casamento. Sabia que poderia fazê-lo. Deb estava certa.

Mais tarde, à noite, sentei-me ao lado de Mark. Ele estava no lugar de sempre, na poltrona do papai. O controle remoto estava perto dele. Os olhos verde-musgo hipnotizados pela corrida de motocicletas que acontecia na TV. Observei seus cabelos finos e louros, os vincos em seu rosto queimado de sol e a suave curvatura de seus lábios.

O que acontecera com o sujeito risonho, despreocupado, que um dia se apaixonou por mim? Onde ele havia se escondido? Quem era aquele estranho com quem eu dividia a minha cama? O que acontecera a nós dois?

Desliguei a TV. Coloquei as mãos no colo. Olhei para ele e disse:

– Estamos com problemas. Não fazemos sexo há meses. Penso em me divorciar de você, ou em matar você, várias vezes por dia, até mesmo várias vezes por hora. Se não resolvermos isso logo, um de nós dois pode acabar arrumando um amante. E acho que pode ser eu.

Não chorei. Mantive contato visual o tempo todo. Não levantei a voz.

A expressão do rosto dele suavizou-se. A couraça que eu já me acostumara a ver não estava mais ali. Mark me olhou com ternura.

– Você está tendo um caso? – ele perguntou, a voz tensa, uma oitava acima do normal.

– Não, mas tenho medo de vir a ter. Eu ainda me sinto atraente. Sei que os homens olham para mim na rua. Eu quero me sentir amada e não estou me sentindo amada por você. Tenho medo de que, num momento de fraqueza, eu procure alguém que me dê o que eu preciso.

– As coisas estão tão ruins assim?

– Sim, estão – respondi. – Você não acha?

– As coisas estão difíceis agora. Nós nos mudamos há pouco tempo, e mudar de casa é muito estressante. Mas as coisas vão melhorar. Kaarina está crescendo. Tudo vai ficar mais fácil, você vai ver.

– Não vai não, Mark, a não ser que nós façamos algo para isso – respondi. – Se não resolvermos nossos problemas agora, vamos acabar nos divorciando.

– O que você quer? – ele perguntou.

Eu não tinha vontade de dizer o que eu queria de verdade. Queria estar casada com outro homem. Queria estar casada com alguém que voltasse para casa depois do trabalho e ficasse feliz ao ver a mulher e a filha. Queria estar casada com alguém que, quando chegasse em casa, brincasse com a própria filha ou me ajudasse a preparar o jantar, em vez de sentar em frente à televisão ou ficar perdido na internet. Queria um homem que eu desejasse tocar e que sentisse vontade de tocar em mim. Queria alguém que percebesse quando a lata de lixo estivesse transbordando e a levasse para fora antes que o cachorro espalhasse restos de comida pela casa toda. Eu queria um marido que me ouvisse com atenção quando eu chorasse, ficasse zangada ou dissesse que estava decepcionada com seu comportamento ou com nosso casamento. Eu não queria alguém que, em vez disso, colocasse a culpa da minha infelicidade nos meus hormônios. Eu queria um homem que me olhasse com amor e que parecesse feliz por eu fazer parte de sua vida. Eu não queria um homem que me olhasse como se eu fosse o maior obstáculo de sua existência, um peso amarrado em seus tornozelos que o levava cada vez mais para o fundo do oceano.

> Ouse sonhar com o marido que
> você gostaria de ter.
> Ouse pedir ao seu marido
> que se torne essa pessoa.

Será que ele poderia se tornar o homem que eu queria? Eu não tinha nem certeza se ele também queria isso.

Após um longo silêncio, eu disse:

– Eu quero ter assunto para conversarmos durante o jantar. Não quero comer em silêncio. Quero que você olhe para mim com amor. Quero voltar a ter uma vida sexual. Quero ficar de mãos dadas. Quero que você demonstre que me ama. Quero que você faça de mim e de Kaarina suas prioridades, acima de sua loja, de sua bicicleta e de seus amigos.

– Vocês são as minhas prioridades. Eu amo você. Amo vocês duas – disse Mark, atônito.

– Eu preciso que você me mostre isso.

– Talvez eu precise que você me mostre como.

– Vou tentar – respondi.

– E qual será o próximo passo?

– Você está disposto a procurar uma terapia de casais?

— Estou, sim, o que você achar que for necessário — ele afirmou.
— Você vai conseguir um tempo para se dedicar a isso? Não vai cancelar as consultas? Não vai ficar reclamando?
— Eu vou arranjar tempo — ele prometeu.

Embora nosso casamento parecesse morto, não havia nada que o impedisse de renascer das cinzas. Nenhum de nós dois era viciado em nada além de cafeína. Não éramos dependentes. Não trocávamos agressões físicas nem verbais. Nenhum dos dois esbanjava dinheiro ou tinha hábito de jogar. Éramos pessoas inteligentes e racionais. E, talvez o mais importante, desejávamos salvar nosso relacionamento.

Naquela noite, dei início ao Projeto Felizes para Sempre. Será que funcionaria? Poderia um casamento tão ruim quanto o nosso realmente ser salvo? Será que algum dia eu voltaria a sentir atração por meu marido? Eu não tinha certeza disso. Mas de uma coisa eu tinha certeza: o meu projeto exigiria um gigantesco salto de fé.

> Seu casamento ainda tem salvação? Depende da resposta a esta pergunta: vocês dois estão dispostos a tentar salvá-lo? Se a resposta for "sim", então comece seu projeto agora mesmo. Se, ao final de quatro meses, vocês conseguirem enxergar alguma melhora e continuarem comprometidos em fazer a relação dar certo, dedique mais algum tempo e esforço a esse objetivo. Se, ao contrário, nada tiver melhorado, o futuro de vocês como casal está com os dias contados.

CAPÍTULO 2

Uma donzela

Junho de 1992

> *"O sábio aprende com as oportunidades;
> o tolo apenas as repete."*
> – Anônimo

Nossa história de amor começou muito antes de eu vestir aquele vestido branco, segurar no braço do meu pai e caminhar pela nave da igreja. Ela começou no início dos anos 1990, três anos antes de eu ter visto Mark pela primeira vez. Eu tinha vinte e poucos anos, morava em outro estado, trabalhava em outro emprego e estava terminando um relacionamento com outro rapaz.

O cenário é Lewes, no Delaware, uma pequena cidade vitoriana perto de Rehoboth e Dewey. Era ali que eu morava, num pequeno apartamento a pouco mais de um quilômetro da praia. Se não fosse pelas sirenes dos carros de bombeiro que tocavam várias vezes durante a noite, o péssimo sistema de encanamento do edifício e os vizinhos um pouco estranhos, teria sido um paraíso.

Eu trabalhava como repórter de assuntos gerais no *News Journal*, o mais importante jornal do estado. Queria ser jornalista desde pequena e já tinha planejado toda a minha carreira: após alguns anos lá, eu arranjaria emprego num jornal maior, depois num maior ainda, até chegar ao *The New York Times*.

Entretanto, havia um grande problema com meus planos de carreira: eu estava completamente infeliz. Enquanto dirigia durante os 20 minutos que separavam minha casa da redação, meu estômago dava um nó, minha mandíbula ficava tensa, minhas mãos suavam e meu coração praticamente subia pela garganta. Eu vivia apavorada, com medo de cometer erros. E, por isso, cometia vários. Escrevia nomes errados, me esquecia de fazer perguntas importantes e deixava de apurar informações relevantes. Isso me deixava toda atrapalhada, já que eu fazia matérias sobre assuntos da prefeitura, julgamentos e conselhos estudantis.

Eu ganhava 18 mil dólares por ano, que mal davam para pagar os 400 dólares do aluguel do apartamento, a prestação do carro e outras despesas mensais. Só comia macarrão e cereal. Meus cheques eram quase sempre devolvidos. Eu havia crescido numa cidade longe dali, então não tinha amigos que morassem por perto. Trabalhava com apenas três outros repórteres.

Todd, meu namorado da época da faculdade, morava no Texas, onde fazia doutorado. Falávamos ao telefone várias noites na semana, mas, como nenhum dos dois ganhava bem o suficiente para viajar de avião com frequência, só nos víamos uma ou duas vezes por ano. Muitos amigos sugeriam que eu saísse com outros rapazes; afinal, quem pode levar a sério o namoro com um cara que só vê duas vezes por ano?

O que posso dizer? Sendo uma jovem extremamente fiel, que acreditava que deveria ir até o fim em tudo o que começava, eu encarava a distância como um desafio. Uma maneira de provar minha lealdade e meu amor. Eu não poderia terminar o namoro com Todd nem deixar o emprego no jornal. Esses dois desafios estavam atrelados à minha identidade.

Depois de alguns meses, Todd largou o doutorado e apareceu de repente no meu apartamento, com seu carro, sua TV, seu aparelho de som e suas roupas. No início, seus olhos escuros, a pele de porcelana e o corpo perfeito eram um bálsamo para meus problemas. À noite, eu me aninhava em seus braços, sentia o cheiro gostoso de sabonete e acariciava as curvas de suas orelhas.

Porém, tudo isso começou a mudar no final da primeira semana, quando Todd sugeriu que eu deveria acompanhá-lo à missa em vez de me dedicar ao meu divertimento usual, que era ir até a lavanderia e ficar lendo revistas enquanto esperava a roupa ser lavada. Ele sabia que eu era meio judia e meio ateia, mas me convidou assim mesmo. E pediu de novo, e de novo, e de novo. Uma manhã de domingo, enquanto ele estava na missa, fui até uma livraria. Um pouco por raiva e um pouco por curiosidade, comprei o livro *Jewish Literacy* ("Conhecimentos judaicos"), do rabino Joseph Telushken. Eu o lia todas as noites, enquanto Todd lia a publicação cristã *The Way* e a Bíblia.

– Você pode parar de rezar pela minha alma – eu disse a ele, uma noite. – Estou me tornando mais espiritualizada. Está vendo? – e apontei para meu livro.

– Não posso, não – ele respondeu.

– Por que não?

– Porque você vai para o inferno – sussurrou.

– Vou? Por quê?

– Você não foi batizada. Você não crê.

Será que ele acreditava mesmo que eu merecia ir para o inferno? Ele me achava uma pessoa ruim só porque não compartilhava de sua fé? Será que eu era ruim? Eu era uma boa pessoa, certo?

Nosso relacionamento tinha um defeito fatal: ele só se casaria comigo se eu me convertesse ao catolicismo; e eu não me casaria com ele se ele não parasse de tentar me converter.

Mesmo assim, eu não conseguia terminar o namoro. Ainda o amava e continuava com minha lealdade cega. Mas eu também não podia dividir minha casa com alguém que achava que meu lugar era no inferno.

Mais algumas semanas se passaram e eu estava pronta para dizer o que precisava ser dito.

– Todd, você não pode ficar aqui para sempre.

– Eu sei – ele respondeu.

No dia seguinte, ele fez as malas e se mudou para Nova Jersey, onde conseguiu um emprego numa empresa farmacêutica. Nós continuamos a namorar a distância.

Agora eu podia ficar na lavanderia sem ouvir reclamações, mas estava sozinha outra vez e resolvi curar a solidão com álcool. Uma noite, acompanhei uma pessoa que mal conhecia a um bar. Comecei com cerveja e tristeza e evoluí para conhaque e alegria. O álcool me causava uma bem-vinda amnésia temporária e eu não queria que ela acabasse, por isso alimentava-a com mais álcool.

Na manhã seguinte, acordei me sentindo debilitada, desidratada e incrivelmente deprimida. Estava convencida de que era uma pessoa fracassada, má e covarde. Minha alma necessitava de uma limpeza cósmica, mas me agarrei à melhor opção que encontrei. Marquei uma sessão de terapia.

A terapeuta me diagnosticou com baixa autoestima, me ensinou técnicas de auto-hipnose e propôs que eu fizesse afirmações do tipo: "Tenho confiança. Sou boa naquilo que faço." Quanto à baixa autoestima, não me convenci. Eu realmente era uma péssima repórter e um ser humano abominável. Não era só imaginação minha. Então, quando ela disse que eu deveria procurar um psiquiatra que me receitasse antidepressivos, concluí que ela estava mais confusa do que eu.

Procurei outra psicóloga que aceitasse o plano de saúde que o jornal pagava. Durante várias semanas, falei sobre Todd, sobre o fato de ele ter se inscrito num seminário para se tornar padre e, mais tarde, sobre o fato de o seminário ter rejeitado sua inscrição.

– Como você se sentiu com tudo isso? – indagou ela.

– Acho que um pouco decepcionada. Isso é errado?

– Por que você está decepcionada?

– Se ele tivesse conseguido, estaria tudo terminado. Padres não podem se casar.

– Por que vocês ainda estão namorando?

– Não quero magoá-lo. Não sei o que quero. Tenho medo.

Esperei que ela me dissesse o que fazer, mas ela não disse. Seus olhos estavam fechados e seu queixo repousava sobre o peito. Ela estava dormindo.

> Se o seu terapeuta adormecer durante a consulta, não quer dizer que você é o paciente mais monótono do mundo. Quer dizer que está na hora de procurar outro terapeuta.

Parei de me consultar com ela também. Fui a uma livraria e comprei livros sobre depressão, filosofia oriental e zen-budismo. Li sobre meditação e terapia cognitiva. Li sobre afirmações positivas. Li sobre técnicas de conversação. Li sobre timidez, autoestima e confiança. Até comprei umas fitas de áudio sobre assertividade e ouvi todas elas enquanto caminhava pela cidade.

Um dos livros afirmava que eu poderia vencer minha insegurança passando a frequentar restaurantes sozinha. "O quê? Todo mundo vai olhar para mim. Vão pensar que sou a maior fracassada do planeta", eu disse ao livro. Nas linhas seguintes, o autor explicava que a maioria das pessoas não observa os outros tanto quanto imaginamos. Fui almoçar sozinha uma vez, depois outra vez, e outra vez, sentindo que cada experiência era mais fácil que a anterior.

Outro livro dizia que eu venceria a timidez se tirasse o foco de mim mesma e o colocasse nos outros. Eu li que "as pessoas amam falar de sua própria vida. Você se tornará a atração de qualquer festa se ficar perguntando às pessoas coisas sobre elas mesmas". Durante algumas reuniões informais, fiz a tentativa e deu certo.

Outro livro sugeria que eu estruturasse a minha vida e me inscrevesse em cursos para conhecer gente nova. Entrei para a Associação Cristã de Moços e me inscrevi nas aulas de tae kwon do e ioga. Um outro livro me ensinou a estabelecer metas e tomar medidas concretas para alcançá-las. Escrevi várias listas de objetivos, com ideias do tipo:

– Aprender espanhol.
– Plantar uma árvore.
– Viajar pelo mundo.
– Escrever um livro.

– Mudar de emprego.
– Terminar o namoro com Todd.
– Tornar-me mais espiritualizada.
– Correr uma maratona.
– Descobrir o sentido da vida.

Um livro sobre filosofia zen me aconselhou a viver o presente. Outro me ensinou a analisar meus sonhos. Li *O atleta interior* e *O caminho do guerreiro pacífico*, de Dan Millman, três vezes. Depois foi a vez de *Quando coisas ruins acontecem às pessoas boas*, de Harold S. Kushner. Li, li e li.

Cada livro fazia com que eu me sentisse um pouco mais forte e um pouco mais calma.

Então, mais de um ano depois de ele ter se mudado para Nova Jersey, finalmente telefonei para Todd. É isso mesmo, Todd *ainda* era meu namorado. Eu já não disse que tinha mania de querer levar as coisas até o fim? Minha terapeuta não falou que eu sofria de baixa autoestima? Você está entendendo por que eu ainda estava com ele até esse momento?

– Oi, preciso conversar com você – expliquei. – Não sei muito bem como dizer isso...

Silêncio. Ele esperou que eu prosseguisse.

– Eu... Isso é realmente difícil. Acho que, bem, acho que o que eu quero dizer é que nosso namoro não está dando certo. Acho que não fomos feitos um para o outro. Eu amo você. Amo mesmo, mas não sou a pessoa certa para você. Você precisa encontrar uma moça católica, alguém que você tenha orgulho de apresentar aos seus pais. Essa pessoa não sou eu. Eu não vou me converter.

– Eu sei. Já estava esperando por esse telefonema. Eu sabia que ele viria.

– Então, isso é uma despedida?

– É. Adeus.

Eu achei que iria chorar quando dissesse aquelas palavras, e realmente solucei por alguns instantes após desligar. Depois, um enorme peso saiu dos meus ombros e eu me senti incrivelmente aliviada.

> Você não é obrigado a finalizar nada. Se estiver infeliz, assuma esse sentimento e tome uma atitude. Não há problema algum em desistir.

Bem, você deve estar pensando que, com toda essa história de terapia e autoajuda, eu sairia desse relacionamento e diria a mim mesma: "Vou passar um tempo sem namorar ninguém. Vou tirar um tempo para me conhecer melhor. Vou me recompor emocionalmente antes de me envolver com alguém outra vez." Essa teria sido a atitude mais lógica, certo? Provavelmente. Mas você conhece alguma mulher jovem que realmente aja assim?

Mesmo que conheça, tenho algo a dizer em minha defesa: eu ainda estava insegura e ansiava pela atenção masculina. E não é o que todas nós desejamos?

Ora, a verdade é que eu já andava de olho em Steve, meu professor de tae kwon do, há algum tempo. Tudo bem, confesso: eu cobiçava o cara desde a primeira aula, quando coloquei os olhos nele e ouvi sua voz. Preferi não revelar esse detalhe antes porque, como você sabe, eu tinha um namorado no início dessa história. Admitir isso mais cedo faria você ter ideias não muito positivas sobre o meu caráter.

Mas estou admitindo agora.

Então, quando Steve me telefonou e me convidou para jogar bilhar, senti meu coração se aquecer e minha cabeça girar. Bebemos cerveja e rimos muito todas as vezes que eu insistia em jogar as bolas erradas nas caçapas erradas. Mais tarde, ele me levou até meu carro e me deu um abraço apertado por um longo tempo. Eu me aconcheguei no peito dele e, quando olhei para o alto, ele me beijou. Eu o desejava de uma maneira que jamais havia experimentado, mas o afastei.

– Acho melhor eu ir embora – sussurrei.

Enquanto dirigia até minha casa, meus pensamentos dispararam. *O que você tem na cabeça? Ele é 18 anos mais velho do que você. Já foi casado três vezes! Tem dois filhos! Ele não tem nada que seja bom para você! Mas ele é tão gostoso. Estou louca por ele. Ele me faz sentir tão bem.*

Foi impossível tirá-lo da cabeça, mas eu não tinha certeza de que seria forte o bastante para namorar um homem como Steve.

Cerca de uma semana depois, ele me convidou para jogar bilhar de novo.

Jogamos juntos muitas vezes depois.

Durante algumas semanas, consegui evitar ir para a cama com ele. Se eu não fizesse isso, pareceria apenas mais uma jovem inebriada pela presença dele. Eu sabia disso.

Mas eu já estava inebriada. E me sentia totalmente fora de controle. Então parei de resistir.

Fazíamos sexo sem parar e eu sempre queria mais. Meu desejo por ele não tinha limites.

Uma noite, enquanto estávamos deitados no chão da sala da casa dele, Steve parou de me beijar, afastou-se de mim e disse:

– Estamos apenas nos divertindo, certo?

– Como assim? – perguntei.

– É só diversão. Não há nada sério entre nós. Você não está se apaixonando por mim, está?

Cada molécula do meu ser desejava fundir-se a cada molécula do corpo dele. Queria estar com ele todos os minutos, todos os dias. Queria dar à luz os filhos dele. Já me imaginava como sua quarta mulher. Eu estava levando aquilo muito a sério, mas sabia o que ele queria ouvir.

– É claro. Estamos apenas nos divertindo. Só isso.

Continuei a comprar e ler meus livros, agora tentando descobrir por que uma mulher inteligente de 24 anos se apaixonaria por um homem de 42 emocionalmente indisponível? Será que eu estava buscando nele alguma coisa que meus pais deixaram de me dar? Será que meu pai não me deu atenção suficiente quando eu era criança? Estaria eu sexualmente reprimida após anos e anos namorando o Sr. Sem Sexo Antes do Casamento?

> A luxúria não é racional. Ela não tem regras. Se você se sentir atraída por um homem que tem o dobro da sua idade, isso não quer dizer que você está desejando seu próprio pai. Se você se sentir atraída por um homem muito mais novo, não significa que está passando por uma crise da meia-idade. É apenas um sinal de que você é humana. Só isso. Pare de pensar no assunto e agradeça por ser capaz de sentir todo esse desejo.

Enquanto eu fazia de tudo para não me apaixonar por Steve, ficava cada vez mais desinteressada pelo meu trabalho. Quando precisava fazer reportagens sobre pedofilia, tinha que ouvir o depoimento de meninas de 9 e 10 anos contando, corajosamente, que o pai, o tio, o avô ou um amigo da família as havia molestado, só para, no final, ouvir o júri declarar que os acusados eram inocentes. Quando fazia reportagens sobre crimes, batia à porta das casas, pedindo a mães enlutadas que me fornecessem fotografias de seus filhos recém-assassinados.

Um dia, Minna, uma senhora que era minha vizinha, viu-me na varanda da frente e disse:

– Venha até a igreja comigo!

– Quem, eu? – indaguei, equilibrando a cesta de roupa suja no colo. Eu estava usando um moletom e os cabelos presos num rabo de cavalo. Ela realmente queria que eu fosse à igreja com ela?

– É, você. – Ela parecia ter a pele transparente, como se uma luz brilhasse dentro dela.

Minna não fazia a menor ideia do tamanho da minha ignorância religiosa. Tive medo de que ela ficasse magoada se soubesse que eu não havia sido batizada ou que não conhecia o Credo dos Apóstolos e a Oração da Serenidade. Entre todas as pessoas do mundo, eu era a menos provável a entrar numa igreja, mas Minna parecia tão gentil, tão generosa e tão animada com a perspectiva de me levar até lá...

– Claro, vou sim – respondi.

Minna pegou minha mão e me conduziu até a igreja. Ela me apresentou aos outros fiéis. Entregou-me um folheto com as letras dos hinos e um programa. Fui invadida por uma sensação de bem-estar que há muito não experimentava. Senti-me calma, em paz, cercada de amor e aceitação. Não me senti uma fracassada no trabalho ou no amor. Senti-me completa, inteira.

Voltei na semana seguinte, e na outra, absorvendo cada palavra sobre perdão, bondade, virtude e generosidade. Rezei, pedi forças para resistir ao meu desejo por Steve e recuperar minha malfadada carreira. "Por favor, meu Deus, me ajude. Dê-me forças para fazer o que sei que preciso fazer."

Minha fé incipiente me deu coragem. Li vários anúncios de emprego e me candidatei a um trabalho na Pensilvânia, numa empresa que publicava revistas e livros de autoajuda. Pediram que eu fizesse um teste, escrevendo um artigo sobre a importância do fio dental. Cerca de uma semana depois fui até lá para uma entrevista e me apaixonei pelos campos e colinas. O lugar, a apenas uma hora da Filadélfia e a uma hora e meia de Nova York, parecia preso nos anos 1950. E me apaixonei também pela própria empresa. Mais de mil pessoas trabalhavam lá. A maioria tinha vinte e poucos anos e era quase tão dedicada à autoajuda e ao autoaperfeiçoamento quanto eu.

Mais ou menos uma semana depois, fui contratada. Avisei no jornal, disse um choroso adeus a Steve e me mudei para a Pensilvânia.

Durante o horário do almoço, eu conversava com meus colegas de trabalho sobre *doshas*, *prana*, ordem de nascimento, protetor solar, esteiras, halteres, fibras e dietas com baixo teor de gordura. Entrei para o time de vôlei da empresa e passei a me encontrar com o pessoal para fazer caminhadas, jogar futebol, andar de patins e outras atividades nos dias de folga. Não passava uma única semana sem que a empresa oferecesse algum curso de autoaperfeiçoamento. Fiz curso de oratória. Participei de oficinas de gestão de tempo. Fui a palestras sobre os benefícios do mel e da quinoa.

E me dediquei ao Projeto Nunca Mais Preciso de um Namorado, inscrevendo-me em todos os passatempos e atividades possíveis. Uma vez por semana eu tinha aulas de caiaque. Uma noite, frequentava a aula de Estudos Bíblicos; em outra, trabalhava como voluntária para as bandeirantes. Comecei a praticar aikido. Também estava treinando para uma maratona. Preenchi todos os espaços da minha vida só para não ter um único momento livre para pensar em telefonar para Steve.

> Quer encontrar o homem dos seus sonhos?
> Pare de procurar por ele. No instante em que
> você se tornar uma pessoa completa, que
> não precisa de homem algum, seu futuro
> marido vai entrar em sua vida.

CAPÍTULO 3

Que conheceu um príncipe

Abril de 1995 – abril de 1999

"Nunca se case com um homem de quem não gostaria de se divorciar."
– Nora Ephron, *Meu pescoço é um horror*

Em março de 1996, minha vida estava repleta de amigos, passatempos, exercícios, ioga, pensamentos positivos, alimentos saudáveis e muitas fibras. Eu havia perdido quase cinco quilos, renovado o meu guarda-roupa e me sentia feliz como nunca.

Apesar de tudo isso, ainda dirigia três horas até o sul de Delaware para passar alguns fins de semana com Steve. Era um vício da pior espécie. Nos primeiros 30 minutos de todas as visitas, acreditava piamente que poderíamos construir um relacionamento sério. No restante do tempo, porém, eu me sentia péssima por ele ser tão distante, não querer assumir compromisso e ter idade para ser meu pai.

Uma certa sexta-feira à noite, eu estava me sentindo especialmente Tentada a Dar um Telefonema Interurbano à Procura de Sexo. Se ficasse em casa, sabia que passaria a noite inteira olhando fixamente para o telefone, lutando para não discar o número de Steve. Essa era uma luta que eu costumava perder.

Isso significava que eu precisava colocar alguma distância entre mim e o aparelho. Ou seja, definitivamente não podia ficar em casa.

Era hora de pôr em prática minhas precárias habilidades

de autoaperfeiçoamento. Eu não tinha nada para fazer e ninguém para me acompanhar, portanto, precisava encarar a rua sozinha.

Fui até o Farmhouse, um bar e restaurante que o pessoal do meu trabalho costumava frequentar depois do expediente. Reconheci quatro mulheres do escritório, que estavam acompanhadas de um rapaz alto e louro que eu não conhecia. Sentei-me num banco com o grupo e ele puxou conversa.

– Acho que eu conheço você – disse ele. – Nós não nos encontramos na corrida de bicicleta de Core States?

Ele não me parecia nada familiar.

– Acho que não – respondi.

Ele sorriu e tocou levemente o meu ombro.

– Já nos conhecemos, sim. Eu apertei a sua mão no estacionamento.

– Você deve estar me confundindo com outra pessoa.

Ainda sorrindo, ele perguntou:

– Você não esteve em Core States no ano passado?

– Estive, sim.

– Você estava usando um macacão?

– Estava – respondi. *Ele se lembra da minha roupa?*

– Mark – ele se apresentou e estendeu a mão.

– Alisa – respondi, apertando a mão dele.

Movi meu banco ligeiramente para ficar de frente para ele, que se reclinou um pouco mais em minha direção. Achamos a maior graça quando descobrimos que nossos sobrenomes eram quase idênticos. O dele era Bowman. O meu, Bauman. Contei que meu irmão mais novo também se chamava Mark. Ele me disse que estudou na Universidade da Flórida. Meu irmão mais velho também. Parecia coisa da série *Além da imaginação*. Era como se estivéssemos destinados a nos encontrar.

Mais tarde, enquanto eu subia as escadas para ir embora, Mark gritou:

– Eu venho aqui todas as sextas-feiras.

Fiquei feliz por ele ter se lembrado de mim um ano depois de ter me visto apenas rapidamente. Gostei da forma como ele me fez rir. Adorei o fato de ele ser só quatro anos mais velho do que eu, ter nível superior e um bom emprego.

É importante dizer que fiquei toda boba porque ele realmente parecia gostar de mim.

Entretanto, eu não podia admitir nada disso, pois havia acabado de me formar no curso Nunca Mais Preciso de um Namorado.

E, uma semana depois, enquanto dirigia em direção ao Farmhouse, repetia a mim mesma que não iria encontrar Mark, mesmo tendo certeza de que ele estaria lá.

Tudo ia muito bem, até eu tomar a segunda cerveja e começar a falar sem parar sobre a minha vida. A conversa foi mais ou menos assim:

– Eu estaria melhor se conseguisse virar a página de um relacionamento do passado – falei.

– Hã-hã.

– Acho que sou tão louca por ele porque ainda estou sexualmente frustrada por causa de um cara que namorei antes dele. Ele era católico. Você é católico?

– Sou um católico em recuperação.

– Isso é mesmo engraçado! Essa foi boa – eu disse, rindo histericamente e batendo a palma da mão na mesa do bar.

– Obrigado.

– Nas férias de verão, esse antigo namorado me escreveu uma carta enorme, com várias páginas, explicando por que o sexo antes do casamento era imoral. Então, quando nos encontrávamos pessoalmente, ele se esquecia disso. Eu não o provocava de propósito, sabe? Começávamos a nos abraçar, depois a nos beijar, a nos tocar e, bem, lá íamos nós outra vez. Sempre acabava pedindo desculpas para ele no final. Eu me sentia culpada, mas, pensando nisso agora, vejo que ele estava sempre disposto.

– Tenho certeza de que ele apreciou cada segundo.

– No fim do último ano de namoro, dormir juntos para nós significava só uma coisa: adormecer na mesma cama. Nós nos beijávamos, mas inserir o Ponto A na Fenda B era sempre proibido.

– Posso imaginar como isso devia ser duro.

– Quanto mais tempo ficávamos sem sexo, mais platônica a nossa relação se tornava.

– Hã-hã.

– Durante uma visita, ele anunciou: "Eu me inscrevi num seminário." Eu sempre achei que ele terminaria o namoro comigo, mas nunca passou pela minha cabeça que o faria porque queria virar padre. Quem poderia imaginar uma coisa dessas?

– Não sei.

– Bom, de qualquer maneira, conheci esse outro cara numa aula de tae kwon do.

– Hã-hã.

– Começamos a namorar. Quero dizer, comecei a ir para a casa dele lá pelas nove da noite e só sair na manhã seguinte. Eu na cama dele e ele fazendo panquecas para mim de manhã era o que resumia o nosso relacionamento. Engordei mais de quatro quilos naquele ano, de tanto comer panquecas.

– Como foi que o namoro terminou?

– Consegui esse emprego aqui.

Conversamos até o bar ficar vazio.

Enquanto voltava para casa, senti um misto de medo e expectativa. Eu não estava em processo de recuperação? Será que já estava recuperada? Ou ainda passava pela fase crítica de Desintoxicação do Vício em Homens Totalmente Errados?

Mark telefonou. Conversamos por uma ou duas horas e então ele me convidou para sair. Fiquei envaidecida pela possibilidade de ele estar interessado em alguém como eu, considerando tudo o que eu havia contado. Ao mesmo tempo, não sabia se já estava pronta para tentar, mais uma vez, amar alguém que pudesse não amar tudo a meu respeito.

— Não sei se tenho tempo para sair — respondi. — Ando muito ocupada.
— Eu também estou muito ocupado — disse ele.
Seguiu-se um longo silêncio.
Alguns dias depois, fui passar uma semana de férias na Califórnia. Ele viajou para ir ao casamento do irmão, na Flórida. Disse que me ligaria quando voltasse, e ligou mesmo. Ligou, ligou e ligou. Conversamos e conversamos e conversamos. Eu adiei o encontro, adiei e adiei.
Durante esses telefonemas, descobri quase tudo o que havia para ser descoberto sobre ele. Como eu, Mark quase nunca abria a correspondência, que ia se acumulando no balcão da cozinha.
Como eu, ele não perdia nenhum episódio de *Arquivo X*.
Como eu, ele se preocupava com a boa forma.
Como eu, ele gostava de caiaque.
Ele também adorava fazer caminhadas, praticar *snowboarding*, escaladas, windsurfe e ciclismo.
Ele amava ciclismo. Amava *de verdade*. Ele me explicou que existiam bicicletas de vários tipos: estradeira, urbana, mountain bikes, de ciclismo, de bicicross e muitas outras. Ele parecia possuir cada uma delas.
— Quantas bicicletas você tem?
— Não sei direito.
— Mais ou menos. Quantas?
— Umas 12, talvez. Não tenho certeza.
— E você também tem um caiaque?
— Tenho.
— E uma prancha de *snowboarding*?
— Também.
— E de windsurfe?
— Hã-hã.
— E quanto você gastou nisso tudo?
— Sei lá. Não comprei tudo ao mesmo tempo.
— Quanto custou a última que você comprou?

– Você não quer saber a resposta.
– Quero, sim.
– Alguns milhares de dólares.

Eu não sou uma pessoa materialista. Quando ouço as meninas mais novas dizendo que querem conhecer um cara com grana, costumo dar um suspiro irritado que diz algo como "se você precisa de dinheiro, vai trabalhar".

É sério. Não sou do tipo que fica entusiasmada diante da perspectiva de namorar um sujeito rico. Só que, nessa época, eu ainda ganhava mal, morava numa porcaria de apartamento, possuía uma droga de carro e só comia cereal no jantar.

Portanto, tenho que admitir que um pensamento bastante materialista me passou pela cabeça: *Ele gasta milhares de dólares numa bicicleta? Uau! Deve ser cheio da grana!*

E talvez tenha sido esse pensamento o que me levou a marcar nosso primeiro encontro. Também posso ter feito isso porque estava me sentindo sozinha e ele estava disponível. Ou talvez porque estava Tentada a Dar um Telefonema Interurbano à Procura de Sexo e, para me manter longe de Steve, liguei para Mark.

Independentemente das minhas motivações, sugeri que nos encontrássemos num bar, e essa ideia deu início ao destino do casal Bauman-Bowman.

Vesti minha calça jeans mais justa, minha bota mais sexy e meu sutiã com mais enchimento.

Eu me sentia desengonçada. Tropeçava nas palavras. Tentava parecer mais alta e mais sorridente.

No fim da noite, ele me deixou na porta de casa. Disse que queria me ver outra vez, então marcamos outro encontro para a sexta-feira seguinte. Ele não me beijou. Eu gostei dessa atitude. Fiquei observando-o ir embora. Parecia uma pessoa doce, atenciosa e capaz. Ele me lembrava o meu pai. De uma maneira positiva, claro.

As coisas foram acontecendo bem devagar entre nós. Não andávamos de mãos dadas. Não nos tocávamos. Mas, uma vez por semana, fazíamos alguma coisa juntos.

Finalmente nos tocamos pela primeira vez, mais ou menos um mês depois, quando fomos assistir ao filme *A gaiola das loucas* numa pequena sala de cinema próxima a uma linha de trem. A pipoca estava murcha. Trens de carga passavam de vez em quando, fazendo um barulho prolongado, atrapalhando diálogos inteiros. Lentamente, ele aproximou a mão esquerda da minha mão direita. Aos poucos, escorregou os dedos e entrelaçou-os aos meus. Sua mão era grande. A minha pareceu pequena. Seu toque era carinhoso e gentil.

Caminhamos até o carro. Ele se inclinou em minha direção e nos beijamos. Foi estranho e doce.

Depois dessa noite, os acontecimentos aceleraram um pouco. Algumas semanas mais tarde, as coisas ficaram mais quentes na sala da casa dele. Com uma das mãos, ele desabotoou a frente do meu vestido e eu senti um frio na espinha e um calor por todo o corpo. Ele olhou dentro dos meus olhos e perguntou:

– Você gostaria de passar a noite aqui?

– Eu adoraria, mas ainda não estou pronta para ir até o fim. E acho que não estarei por um bom tempo. Isso o incomoda?

– Não, isso não me incomoda. Posso esperar o tempo que você precisar – respondeu ele.

– Você acha que eu posso passar a noite aqui, mesmo que a gente não...

– Eu adoraria que você ficasse.

Ele pegou minha mão e subimos a escada até o quarto. Deitamos no colchão d'água, nos abraçamos e conversamos. Até que falei alguma coisa e ele não respondeu. Estava dormindo.

Algumas semanas depois, no meu apartamento, aconteceu de novo. Ele me despiu e sussurrou:

– Você é maravilhosa. Estou louco por você.

– Eu sei. Eu também. Mas ainda não estou pronta.

– Por que não? – ele indagou, olhando-me nos olhos.

– Porque eu quero que a nossa primeira vez seja especial – respondi. Depois de um longo silêncio, prossegui: – Eu preciso lhe contar uma coisa.

Ele esperou.

– Aconteceu uma coisa comigo quando eu era mais nova... e, por causa disso, tenho dificuldade de me sentir à vontade com alguém.

Fiquei em silêncio. Não tinha certeza se conseguiria contar. Não tinha certeza do que ele iria pensar. Ele passou as mãos pelos meus cabelos e esperou.

– Quando eu tinha 14 anos, namorei um rapaz de 18 e...

– Está tudo bem – disse Mark com o olhar terno, enquanto segurava minha cabeça com as mãos. – Está tudo bem. Pode me contar.

– Ele ficava sempre tentando transar comigo. Eu queria continuar virgem até os 18 anos. Não sei por que escolhi essa idade, simplesmente escolhi. Ele continuava tentando e tentando. Parecia que era um jogo para ele. Toda vez que nos encontrávamos, ele abria a calça e ficava tentando subir em cima de mim. Eu o empurrava, dizia que não queria. Falei "não" milhares de vezes, mas ele não parava de insistir. Então, uma vez, eu hesitei. Talvez por curiosidade, talvez por vontade de saber como seria. Não sei por que, mas dessa vez eu não o empurrei. Ele conseguiu. Senti muita dor. Mais tarde, eu só pensava: *É isso?* Não conseguia entender por que as pessoas gostavam de sexo. Fiquei dolorida por vários dias. Sentia dor até para me sentar. Logo depois, ele terminou o namoro.

Contei toda a história olhando para o teto. Não tinha coragem de olhar para ele.

– Ele era um imbecil – disse Mark.

Suas palavras foram como um bálsamo. Por tantos anos eu disse essas mesmas palavras a mim mesma e ficava imaginando outras pessoas repetindo-as também. Mas eu sabia que isso não aconteceria. Eu achava que quem ouvisse essa história iria acabar acreditando na mentira que aquele menino espalhou e na qual eu mesma acreditei por tantos anos.

– Ele chegou ao cúmulo de dizer para meus amigos que eu era uma vagabunda – eu disse.

– Você não é vagabunda. De forma alguma. É incrível que você tenha acreditado numa coisa dessas. Ele era mesmo um idiota – disse Mark.

– Fiquei muito decepcionada. Eu queria ser uma menina boazinha como as dos livros que lia quando criança. Toda vez que me lembro daquele garoto, meu estômago se revira. Desde então, nunca me senti à vontade no sexo. Se tenho prazer, me sinto uma vagabunda. Se não me sinto uma vagabunda, fico reprimida demais para ter prazer.

– Eu entendo – disse ele.

> Se você foi molestada ou sofreu algum tipo de abuso sexual, é provável que tenha dificuldade de relaxar durante o sexo. Procure ajuda profissional. Vale a pena.

– Eu não costumo esperar tanto para transar com alguém, mas tudo é diferente com você. Eu sei que você se preocupa comigo. Sei que você não está interessado só em sexo, mas não consigo acreditar totalmente nisso. Preciso que todas as partes de mim confiem em você. Quero me sentir à vontade de verdade. Quero que nossa primeira vez seja algo que lembraremos para sempre. Não quero que seja motivada só pelo desejo, mas por amor.

– Eu te amo – disse ele, limpando as lágrimas de meu rosto.

– Eu sei – respondi. – Obrigada.

Ele estava esperando uma resposta melhor. A tensão pairava no ar. Alguns segundos se passaram e, então, o momento se foi. Eu não disse nada.

Apesar de adorar ficar ao lado de Mark, eu dei para trás. Coloquei meu trabalho, meus passatempos e meus amigos em primeiro lugar. Uma manhã de sábado, após passar a noite na casa dele, ele me perguntou se eu gostaria de fazer uma caminhada mais tarde. Eu disse "sim". Voltei para casa e liguei para uma amiga com quem costumava correr.

– A que horas você quer ir? – ela perguntou. Só então percebi que havia marcado dois compromissos ao mesmo tempo.

Eu poderia ter dito a ela que já havia combinado com Mark e marcado nossa corrida para outro dia. Mas não foi o que fiz. Meus amigos eram prioridade.

Depois de acertar a corrida com ela, liguei para Mark para saber a que horas ele pretendia sair para caminhar. Caiu na secretária eletrônica. Deixei uma mensagem e saí.

Cheguei na casa dele pouco depois das cinco da tarde, mas ele não estava. Joguei um bilhete por baixo da porta, dizendo "Sinto muito pelo desencontro. Por favor, me ligue".

Ele me telefonou à noite.

– Se você não queria caminhar, por que simplesmente não me disse?

– Mas eu queria ir.

– Então, por que não apareceu?

– Eu não sabia a que horas deveríamos nos encontrar.

– Você deveria saber que já era tarde quando veio aqui.

Foi então que as lágrimas rolaram.

– Me desculpe – falei. – Sinto muito. Eu estraguei tudo, não estraguei?

– O que você quer dizer?

– Você é a melhor coisa que aconteceu na minha vida e eu simplesmente estraguei tudo. Fico sempre evitando você. Acabei estragando tudo.

— Eu sou a melhor coisa que aconteceu na sua vida?
— É — respondi, ofegante.
— Tudo bem. Eu perdoo você — disse ele. — Mas por que você fica me evitando?
— Porque estou com medo.
— Não precisa ter medo. Eu não vou magoar você.

Não escolha a infelicidade hoje por medo de ser infeliz amanhã. Se tudo naquele sujeito lhe diz que ele é o Sr. Quase Perfeito para Você, assuma o compromisso de uma vez, pelo amor de Deus.

———

Depois de quatro meses de namoro, finalmente me permiti confiar nele. Começamos a fazer planos para a nossa primeira vez. Decidimos que deveria ser em Nova York. Fizemos uma reserva num hotel em frente ao Central Park e compramos entradas para um musical. Durante toda a noite, Mark manteve as mãos em alguma parte do meu corpo, segurando minha mão, tocando meu braço ou acariciando minha coxa ou minhas costas. Comemos. Bebemos. Passeamos. Quando o elevador nos levou até o quarto, apertei a mão dele. Sentia um frio na barriga. Por que eu havia criado um problema tão grande por causa disso?

Quando entramos no quarto e ele me abraçou, o nervosismo diminuiu. Eu sabia que, o que quer que acontecesse, seria bom, mesmo que depois de todo esse planejamento eu ainda não me sentisse preparada.

Mas eu estava pronta e foi fantástico. Quando ficamos deitados na cama, nus, minha cabeça no ombro dele, eu sabia que era verdadeiro.

— Eu te amo — sussurrei.
— Eu também te amo — ele respondeu.

> Planeje a sua primeira vez. Torne-a especial.
> Você vai se lembrar dela com prazer
> quando o tempo passar.

Continuei hesitante, mas aos poucos ele me conquistou. Mark apoiava meus sonhos, ouvia meus medos, me dava espaço quando eu precisava. E, quando não precisava, ele me abraçava. Respeitava minha independência e aceitava minhas inseguranças. Amava tudo em mim, o feio e o belo, o amável e o cansativo, o fraco e o forte.

Era meu companheiro, a pessoa que assistia à televisão comigo e via os filmes que minhas amigas detestavam. Passávamos tardes inteiras abraçados, vendo as aventuras antigas de *007*. Ele ria quando eu tapava os olhos nas cenas mais tenebrosas de *Arquivo X* e me avisava quando era hora de tirar as mãos. Sentávamos no sofá da casa dele nas manhãs de domingo, a luz do sol brilhando através da porta de vidro e tocando em nossa pele enquanto observávamos os passarinhos.

Ele entendia minha necessidade de servir aos outros e, mesmo que não compartilhasse dela, concordava em me ajudar nos projetos de caridade em que eu me envolvia.

Ele me acompanhava em jantares nos quais, em geral, era o único homem numa sala repleta de garotas tagarelando. Quando íamos embora, ele estava esgotado.

– Na hora que eu conseguia pensar em algo para falar, vocês já tinham mudado de assunto duas vezes. Como você consegue acompanhar a conversa?

– Eu me sinto tão cheia de energia quando estou com elas. Esses encontros são interessantes e estimulantes. Você não acha?

– Não – ele respondeu. – São estressantes. Vocês falam muito depressa e interrompem umas às outras o tempo todo e mudam de assunto em segundos. Não consigo compreender a lógica feminina.

– Mas você não se importa de me acompanhar, não é?
Ele segurou minha mão.
– Não me importo de ir com você a nenhum lugar.
Somente depois que corri a meia maratona, no final de setembro – dois meses depois de nossa viagem a Nova York –, foi que meu medo de me entregar desapareceu. Eu me permiti me apaixonar por ele tão perdidamente que sofreria demais caso as coisas não dessem certo. A corrida aconteceu no último dia das férias de Mark, e ele estava em Outer Banks praticando windsurfe.

Perto do quilômetro 12 eu já estava lutando para completar a prova. Acho que tinha começado rápido demais e a minha energia já se esgotava. Olhei para a direita e lá estava Mark, andando de bicicleta na beira da pista.

– Oi – disse eu.

– Oi – disse ele.

– Pensei que você estivesse viajando.

– Voltei antes para ver você correr.

– Obrigada. Não posso mais falar – expliquei, ofegante.

Cerca de 20 metros à minha frente estava uma moça que eu conhecia. Ela usava um short da Nike com o slogan "Just Do It!" estampado de um lado a outro do traseiro.

– Alisa, você pode ultrapassá-la – gritou Mark.

Eu não consegui, mas o estímulo dele ajudou. Levantei os calcanhares, forcei os pés, mexi os braços e fui em frente.

Passei a ficar na casa de Mark com uma frequência cada vez maior. Uma noite, depois que reclamei do tráfego e dos 20 minutos que levava para chegar lá, ele perguntou:

– Por que você não se muda para cá?

– Você tem certeza de que está pronto para isso?

– Tenho – ele respondeu.

– Eu nunca morei com um namorado. Se eu me mudar para cá, será um primeiro passo em direção a outro ainda maior.

– Eu sei – disse Mark.

Decidimos que eu me mudaria no final de abril, aproximadamente um ano depois que nos conhecemos. Durante o mês que antecedeu a mudança oficial, vendi meus móveis e alguns eletrodomésticos. Enchi algumas caixas, coloquei-as no carro e fiz várias viagens de ida e volta entre minha casa e meu novo lar. Olhei meus álbuns de fotografias e me livrei das fotos de Todd, Steve e de outros ex-namorados. Joguei fora velhas cartas de amor.

Entretanto, não consegui me desfazer de meu diário. Ali eu havia escrito meus objetivos de vida, além de citações e ditados dos quais queria me lembrar. Naquele diário estavam registrados os mínimos detalhes da minha relação com Steve e os estágios iniciais do namoro com Mark. Ficaria muito aborrecida se ele lesse qualquer desses relatos, mas também não podia me desfazer daquelas lembranças. Então levei o diário para a casa de Mark e guardei-o numa prateleira, entre os dois livros que eu tinha certeza de que ele não se sentiria tentado a ler: a Bíblia e o livro de estudos sobre os discípulos.

No primeiro dia oficial de nossa coabitação, levei as minhas roupas. Cheguei à casa dele e, com camisas e calças penduradas nos braços, fui até o quarto. Mark não estava em casa. Eu queria que ele estivesse lá para compartilhar aquele momento comigo, mas não me ocorreu a ideia de lhe pedir.

Abri a porta do lado esquerdo do armário. Estava cheio de roupas. Abri a porta do lado direito. Estava cheio, também. Sentei no chão, as calças e camisas ainda nos braços e comecei a chorar, sentindo a decepção tomar conta de cada célula do meu corpo.

Mark chegou umas duas horas depois e me encontrou sentada no chão, rodeada de roupas espalhadas. Assim que olhei para ele, comecei a chorar outra vez. Sem dizer um olá, gritei:

– Você sabia que eu ia me mudar para cá hoje. Eu disse a você!

– Do que você está falando?

– Você nem abriu um espaço no armário para mim – solucei.

– Desculpe, tenho andado muito ocupado. Não me lembrei de abrir espaço no armário.

– Ocupado? Mas você sabia que eu viria. Passei um mês fazendo as malas, vendendo minhas coisas e carregando outras tantas para cá. Você não me ajudou. Você não fez nada.

– É que o momento não foi dos melhores.

– Tem certeza de que você quer morar junto comigo? Não está parecendo.

– É claro que eu quero morar com você.

– Como é que eu posso acreditar? Você nem abriu espaço no armário para mim!

– Sinto muito – disse ele. – Sinto mesmo.

Ele me abraçou e prometeu se esforçar mais. Ofereceu-se para arranjar uma caminhonete e alguns amigos para carregar o único móvel do qual eu não queria abrir mão: uma cama de casal *queen size* que eu havia comprado alguns anos antes. Foi o primeiro móvel que comprei, economizando cada tostão do meu salário de repórter. Não poderia me separar dela, nem por amor.

Mark tirou as roupas dele do armário e as levou para o quarto de hóspedes. Ele me ajudou a pendurar minhas roupas. Depois nós nos sentamos lado a lado e ficamos olhando para o armário – o meu armário.

– Eu é que estou assumindo todos os riscos – falei. – Eu me desfiz de quase tudo que tinha. A única mudança que você teve que fazer foi esvaziar um armário.

– Mas você não queria que eu me mudasse para o seu apartamento, certo?

– Não. É que estou com a sensação de que é a sua casa, não a nossa. Estou cercada de coisas masculinas, brancas e pretas. Sua cama é preta. Seu sofá é preto. Suas paredes são brancas. Você tem um colchão de água. É como se eu morasse numa república estudantil masculina.

– Esta é a nossa casa. Não é minha. É nossa casa.

– Mas eu não sinto isso – resmunguei.

– E se nós comprássemos alguma coisa juntos? Há muito tempo que eu quero comprar um sofá maior. Quer comprar um comigo?

Deu muito trabalho encontrar um sofá que não tivesse cara de homem solteiro, mas que também não desse a sensação de "deixei toda a decoração por conta da minha namorada". Acabamos nos decidindo por um sofá nas cores verde e vermelho, com o estofado meio áspero. Nós o compramos de um sujeito que estava vendendo móveis à beira da estrada. Não era perfeito, mas não era masculino nem feminino demais e, o mais importante, custou apenas 200 dólares.

Pouco a pouco, fui acrescentando outros detalhes que marcavam a minha presença. Compramos cortinas para as janelas, pintamos o batente com cores contrastantes e substituímos os lençóis cinza por coloridos. Enchemos a casa de fotografias; pintei uma tela no estilo Matisse e a colocamos na parede do banheiro.

> Se você quiser que ele a ajude com a mudança, diga a ele. Se quiser comemorar sua mudança com um jantar à luz de velas, diga a ele. Se quiser que ele esteja em casa quando você entrar em seu novo endereço pela primeira vez, definitivamente, *diga a ele*.

Durante os primeiros meses, eu mudava o esconderijo do meu diário frequentemente. Até que um dia eu disse:

– Olha, eu tenho um diário. Escrevi nele coisas extremamente pessoais, coisas que não quero que você leia, entendeu? Não vou precisar escondê-lo de você, não é?

– Claro que não – disse ele. – Bem, e eu tenho minhas agendas. Você jamais vai abri-las e ler o que está escrito, não é?

– Certo.

Algum tempo depois, ele passou um fim de semana fora num evento de ciclismo. Eu não conseguia parar de pensar nas tais agendas. O que seria tão pessoal que ele não queria que eu soubesse? Que segredos ele estaria escondendo de mim?

Comecei a busca pelo armário. Ali, encontrei peças de bicicletas, peças de automóveis, medalhas e troféus. Havia fotografias, endereços, documentos, recibos e extratos bancários. Enquanto remexia nas coisas, tomava o cuidado de memorizar a posição original de cada uma delas para recolocá-las exatamente no mesmo lugar.

Demorou um pouco, mas acabei encontrando. Não haveria problema se eu desse só uma espiada, não é mesmo? Afinal, estávamos morando juntos. Não deveríamos ter segredos, certo? Eu não sabia nada sobre as ex-namoradas dele. Mark era tão reservado sobre seu passado romântico que uma de minhas amigas estava convencida de que eu era sua primeira namorada.

Tentei me controlar. "Essas coisas são pessoais. Ele tem direito à privacidade", disse a mim mesma. "Eu não devia fazer isso." Fiquei olhando para as agendas antigas. Hesitei. Olhei, olhei e acabei cedendo à tentação. Peguei a de 1996, ano em que nos conhecemos. As vinte primeiras anotações falavam sobre suas atividades físicas. Fiquei sabendo, por exemplo, que em 13 de janeiro ele passou duas horas andando de mountain bike com Jay num lugar cheio de neve. No dia 4 de fevereiro, ele pedalou durante quatro horas para ir e voltar de Spring Mountain.

Então, li a entrada do dia 28 de fevereiro. "Jantei com Eileen. Ela me convidou. Eu fui. Jantar muito interessante. Mulher linda, maravilhosa, incrível."

O QUÊ?

Li mais uma entrada sobre Eileen antes de chegar a 28 de março. "Conheci Alisa no Farmhouse. Interessante."

Eileen era linda, maravilhosa e incrível, e eu, só interessante?

15 de março: "Encontrei Alisa no Farmhouse. Conversamos até as onze. Muito interessante e inteligente. Ótimo papo!"

Nada de linda? Nada de incrível?

Consolei-me, argumentando que talvez não tivesse mais espaço na pequena folha para escrever a palavra "incrível".

3 de abril: "Primeiro encontro com Alisa. Ela me convidou para sair! Fomos ao Harry's. Jogamos bilhar. Jogamos conversa fora. Nenhum beijo."

Nenhum "incrível"?

25 de abril: "Encontrei Alisa e uma amiga dela no Farmhouse."

Ainda sem nenhum "incrível"?

3 de maio: "Fui ao Robata's com Alisa. Ela veio dirigindo até minha casa (1ª vez). Comida o.k. Conversa muito boa. Sem beijos... medo!!"

Por favor, tenha dó. Ainda não me achou incrível? Esse foi nosso terceiro encontro!

10 de maio: "Assistimos à *Gaiola das loucas*. Ficamos de mãos dadas. Primeiro beijo. Mágico. Delicado. Adorável.

Agora, sim, estamos começando a nos entender.

16 de maio: "Fomos ao Coral de Bach. Voltamos para a minha casa. Ficamos dando uns amassos no sofá por duas horas. Alisa dormiu aqui. Uau! Isso pode ter futuro."

Está melhorando!

29 de junho: "N.Y. COM ALISA. INCRÍVEL! 1ª VEZ!!"

Finalmente!

Li o relatório do resto de nosso primeiro ano. Numa página qualquer, ele escreveu "Mark + Alisa". Em outra, "Alisa + Mark". Numa das últimas páginas, ao lado de um mapa feito à mão mostrando como chegar da casa dele à Filadélfia, ele escreveu: "Alisa Bauman, 1,62 cm, manequim 38, 66 cm de cintura. 08/08/1970"

Folheei a agenda diversas vezes, dividida entre o ciúme e a culpa. Mas, ao mesmo tempo, estava comovida por ele ter registrado cada um de nossos encontros e o número do meu manequim. Agora ele não tinha mais segredos. Mas eu tinha.

No final daquela semana, disse a Mark que precisávamos conversar.

– Quando você viajou, fiz algo que não deveria ter feito – falei.

– O que você fez?

– Li a sua agenda. Li tudo. Tudo o que encontrei. Vasculhei o seu armário todo. Mexi em todas as gavetas da casa.

– Por que você fez isso?

– Porque eu queria saber mais sobre você! Você é tão reservado sobre o seu passado, nunca fala de suas ex-namoradas. Tenho muita curiosidade de saber como era a sua vida antes de me conhecer.

– Mas não existe nada para saber sobre o meu passado. Minha vida começou no dia em que eu a conheci.

Fiquei indecisa. Não sabia se ficava emocionada ou desconfiada de que ele estava me escondendo alguma coisa.

– Você está maluco?

– Não estou maluco. Há alguma coisa que você leu e queira discutir comigo?

– Eu não sabia que você gostava da Eileen – eu disse.

– Eu não gostava dela tanto assim.

– Mas você escreveu que ela era incrível. Você nunca escreveu que eu era incrível.

– Você é incrível. Muito mais incrível do que ela. Você é a mulher mais incrível do mundo. Eu a amo mais do que tudo. Eu não amo Eileen. Eu amo você. Ela não significou nada. Você é tudo para mim.

– O que chamou a sua atenção em mim quando nos conhecemos? Você disse que Eileen era linda e incrível, mas só disse que eu era inteligente.

– Você é inteligente. Inteligente de verdade. Acho que você é mais inteligente do que eu. Eu gosto disso. Acho atraente. Você é divertida e generosa. Você é gostosa e tem um traseiro lindo.

– Tenho?
– Você tem uma bunda muito bonita. Foi uma das primeiras coisas que reparei.
– Mas meus seios são pequenos demais, não acha?
– Seus seios são perfeitos e sua bunda é ainda melhor.
Nós nos abraçamos e ele apertou minha bunda maravilhosa.

> Você pode saber se ele é ou não um homem para casar observando a facilidade com que ele perdoa. Uma aliança de casamento não nos impede de fazer e dizer besteiras. Se ele for do tipo que guarda rancor por coisas pequenas durante o namoro, provavelmente não possui o que é preciso para ficar casado e feliz com alguém como você.

– Estamos morando juntos há um ano – comentei um dia.
– Eu sei – ele respondeu.
– Está na hora de começar a pensar no próximo passo. O que você acha?
Temi que ele respondesse que não estava pronto, que jamais estaria pronto.
– Acho que quero me casar com você – ele respondeu.
– Eu também acho que quero me casar com você – concordei.
Marcamos o casamento para 10 de abril de 1999, pouco mais de um ano depois.

※

Naquele verão, choveu uma semana inteira e a água infiltrou-se pelo carpete da sala. Como ficou úmido por vários dias, começou a exalar um cheiro ruim, como o de um adolescente que não toma banho há duas semanas. Nós o arrancamos e o jogamos fora, o que acabou revelando o cimento sob ele. Decidimos colocar um piso de cerâmica, em vez de recolocar um novo carpete.

Compramos o material e, para economizar, Mark resolveu que ele mesmo colocaria o piso.

Passei o resto do ano experimentando bolos de casamento, entrevistando donos de bufê, visitando salões de festa e implorando a Mark que colocasse o piso. Eu adoraria ser o tipo de pessoa que faz piada com o fato de não ter piso no chão quando recebe parentes em casa. Mas não sou. Sou do tipo que olha para o chão de cimento e pensa: "Será que estou prestes a cometer um grande erro?"

O verão passou, dando lugar ao outono. O outono se foi e o inverno chegou. O inverno tornou-se primavera. E o chão continuava sem piso.

A igreja exigiu que fizéssemos um aconselhamento pré-nupcial. Uma semana antes da última sessão, a conselheira sugeriu que continuássemos a nos encontrar e adiássemos a data do casamento. Ela queria que nós resolvêssemos algumas questões. Número um: eu estava na dúvida se queria ter filhos; Mark não tinha dúvida nenhuma – ele não queria. Número dois: eu havia mencionado que desejava passar mais tempo ao lado dele; ele havia explicado que tinha muitos outros interesses, principalmente os relacionados a bicicletas, e que eu sabia disso quando nos conhecemos.

– Você acredita que ela teve a coragem de sugerir um absurdo desses? – perguntei a ele enquanto voltávamos para casa.

– O que você quer fazer? – ele indagou.

– Eu não vou fazer sessão extra coisa nenhuma. E não vou adiar o casamento.

Na última consulta, confrontei a conselheira:

– Mark e eu cooperamos bastante com você. Decidimos usar o aconselhamento para resolver algumas questões. Poderíamos muito bem ter mentido, como muitos casais provavelmente fazem, e dito que tudo estava maravilhoso. Somos capazes de resolver nossos problemas sozinhos. Estamos muito frustrados por você tentar nos manipular e nos convencer a ter outras sessões num momento em que deveríamos estar pulando de alegria.

– Se vocês conseguem ser tão assertivos comigo, não tenho a menor dúvida de que saberão se comunicar um com o outro. Vocês têm a minha bênção.

E dois dias antes do casamento Mark passou a noite inteira acordado colocando o piso de cerâmica.

> Se o seu conselheiro pré-nupcial sugerir
> que vocês precisam de mais sessões,
> é provável que precisem mesmo.

Durante a festa de casamento, o padre separou os convidados em pequenos grupos e pediu-lhes que dessem conselhos ao novo casal. As pessoas nos recomendaram que "nunca fôssemos para a cama com raiva", que "sempre nos lembrássemos de por que nos apaixonamos" e, no caso de Mark, "que ele sempre respondesse 'sim, querida'". Uma das últimas a falar foi minha avó, de 84 anos, que havia acabado de comemorar 60 anos de casamento. "Paciência", ela sussurrou para mim. "Paciência."

No dia seguinte ao nosso casamento, a temperatura caiu muito e começou a chover e nevar.

> A maioria das mulheres passa o primeiro terço
> da vida rezando para que um sujeito as peça em
> casamento. Depois, passa os outros dois terços
> desejando que não tivesse respondido "sim".

CAPÍTULO 4

Eles se casaram e ele virou um sapo

Abril de 1999 – maio de 2007

> "Em qualquer relacionamento no qual duas pessoas se tornam uma só, o resultado final são duas meias pessoas."
> —Wayne W. Dyer, *Seus pontos fracos*

Um pouco antes do nosso casamento, eu havia conseguido um emprego de editora na revista *Runner's World*. Em um ano, fui promovida a editora sênior. Desde que conhecera Mark, meu salário havia quase dobrado. A carreira dele, porém, estava estagnada. Ele era gerente de produtos de uma empresa de biotecnologia quando nos conhecemos e agora ainda ocupava o mesmo cargo na companhia. Nunca fora promovido ou tivera um aumento decente. A diferença entre nossos salários era de mais de 20 mil dólares por ano.

Enquanto eu viajava pelo mundo para entrevistas coletivas, frequentava festas requintadas e ganhava uma enorme quantidade de brindes, como tênis de corrida, roupas e mochilas, Mark estava enfrentando uma guerra via e-mail com o vice-presidente da empresa sobre questões relacionadas a algumas sextas-feiras e horas extras. Sempre que eu olhava para seu rosto tenso e seus olhos frios, achava que ele estava zangado comigo. Somente depois de muita insistência ele me revelou os problemas que estava enfrentando no trabalho.

– A empresa está se livrando do excesso de mobiliário. Fizeram um leilão entre os funcionários. Eu dei o maior lance por uma mesa de desenho, mas meu chefe disse que não posso comprá-la.

– Por quê?

– Você pode ler bem aqui, olhe – ele respondeu, entregando-me uma cópia impressa de uma troca de mensagens.

Mark para vice-presidente: "Quando posso buscar a mesa de desenho?"

VP: "Você não pode ficar com a mesa. Sinto muito, mas houve um equívoco."

Mark: "Por que não? Eu dei o maior lance."

VP: "Você pode ter dado o maior lance, mas a mesa vale mais do que os 30 dólares que você ofereceu. Seu lance não foi alto o suficiente."

Mark: "Quando você organizou o leilão, não mencionou que havia lances mínimos. Eu segui as regras e dei o maior lance. A mesa é minha."

VP, respondendo e copiando Len, o gerente imediato de Mark: "Pouco me importa se você deu o maior lance. A mesa vale mais do que o seu lance. Você não vai ficar com a mesa."

Mark: "Você não pode fazer isso."

VP: "Posso, sim. Eu sou o chefe. Você não vai ficar com a mesa."

Mark: "Você está descumprindo suas próprias determinações."

Len para Mark, mandando a mensagem de Aruba, onde passava férias: "Pare de mandar e-mails para o vice-presidente. Você está brincando com fogo."

VP: "O assunto está encerrado. Não quero mais tocar nesse assunto com você."

Coloquei o papel no colo e perguntei:

– Você quer ser demitido?

– Claro que não. Não posso perder meu emprego.

– Pois vai perder se continuar com isso. Estou ganhando o suficiente para sustentar nós dois até você conseguir outro emprego. A vida é curta demais para você ficar trabalhando num lugar que odeia.

– Não posso aceitar que você me sustente.

Dois dias depois, ele perguntou:

– Você estava falando sério quando disse que eu podia pedir demissão?

Mark parecia mais infeliz do que nunca.

– Estava, sim – respondi.

Nós nos abraçamos.

– Estamos juntos nessa – afirmei.

No dia seguinte, ele pediu demissão.

Durante o período em que ele ficou desempregado, eu perguntava periodicamente o que pretendia fazer. Em geral, ele respondia com um "Não sei".

– Você tem lido os classificados? – eu perguntava.

– Tenho.

– Já se candidatou a algum emprego?

– Não.

– Por que não?

– Porque ainda não encontrei nada que esteja de acordo com minhas habilidades.

– Talvez você devesse tentar alguma coisa diferente.

– O que, por exemplo?

– Sei lá, você adora andar de bicicleta. Talvez pudesse abrir uma loja de bicicletas. Ou começar um negócio na área de passeios turísticos de bicicleta.

– Não quero misturar trabalho com lazer. Se começar a ser pago para praticar meu passatempo favorito, ele vai se transformar em trabalho e deixar de ser prazeroso.

– Você acredita mesmo nisso? Eu não.

Tivemos essa conversa pelo menos 679 vezes; não que eu estivesse contando, é claro.

Tentei me acostumar à ideia de Mark ser dono de casa. Afinal, eu era uma feminista. Nós éramos o típico casal moderno. Não éramos?

Está bem, eu assumo: queria que ele encontrasse um emprego, hum, imediatamente. Queria que ele conseguisse um bom emprego que pagasse um salário *bem maior do que o meu.*

O.k., posso parecer fútil, mas pelo menos sou sincera. Eu poderia muito bem ter mentido e dito que era valente e compreensiva e todas aquelas coisas que imaginamos que seríamos numa situação como essa. Ou poderia, simplesmente, admitir a verdade: o fato de ele não trabalhar me fazia enxergá-lo como um fracassado.

Mas isso não era grave, pois ele só seria fraco por pouco tempo. Ele conseguiria um emprego logo. Afinal, que tipo de homem perde o emprego e fica sentado no sofá vendo TV enquanto a esposa sustenta a casa? Isso acontece *com o marido das outras.* O meu marido não, ele era um verdadeiro provedor.

O importante era que, enquanto esperávamos que aparecesse o emprego perfeito, que pagasse um salário alto e estivesse em harmonia com as habilidades de Mark, ele teria tempo suficiente para pintar alguns quartos e terminar inúmeros projetos que sempre adiávamos porque nunca tínhamos tempo de finalizar – bem, isso é o que eu faria, se estivesse no lugar dele.

Mas, como logo percebi, Mark não era eu.

Ele preparava o almoço e o jantar. Guardava os sapatos espalhados pela casa, lavava as roupas e apanhava as meias do chão do quarto. Fazia tudo o que eu pedia.

Mas não fazia *nada além do que eu pedia* e continuava a adiar grandes projetos, como pintar meu escritório ou colocar as prateleiras na parede, alegando que estava muito "ocupado". Como assim? Era inacreditável. Antes de Mark sair do emprego, eu lavava os banheiros, arrumava a casa, preparava o almoço e o jantar, mesmo trabalhando o dia inteiro e fazendo uns frilas por fora. Não era possível que ele não encontrasse algumas horas livres para se dedicar à pintura do meu escritório.

– O que exatamente você faz o dia inteiro? – indaguei.

– Faço o serviço da casa – ele replicou.

– Quanto tempo você leva para fazer isso? Não é possível que guardar meias e sapatos leve o dia inteiro.

– Leva mais tempo do que você imagina.
– Leva no máximo trinta minutos.
– Leva mais do que isso.
– Acho que você fica na frente da televisão o dia inteiro e, quando não está vendo TV, está andando de bicicleta.
– Eu faço muitas coisas nesta casa.
– Parece que estou trabalhando o dia inteiro para sustentar sua boa vida.
– Isso não é verdade.

Essa é uma divergência de opiniões que até hoje não conseguimos resolver. Segundo meu marido, arrumar a casa ainda leva o dia inteiro, e montar uma estante demora, no mínimo, um ano.

E, depois daquele ano – um período repleto de reclamações quase diárias sobre a visão de Mark a respeito do trabalho –, ele F-I-N-A-L-M-E-N-T-E colocou as prateleiras, pintou o escritório e começou a ler os classificados.

Mark foi contratado para trabalhar no departamento de marketing da *Bicycling*, uma revista que fazia parte do mesmo grupo editorial em que eu trabalhava. O cargo exigia que ele viajasse para participar de corridas de bicicleta e outros eventos por todo o país.

Foi então que, com ele engajado em um novo trabalho, senti um certo desapontamento. Apesar de todas as brigas que tínhamos sobre as tarefas domésticas, apesar de vê-lo como fraco, apesar de me sentir superior e do medo de não ganhar o suficiente para sustentar a casa, eu gostava de tê-lo por perto. Já estava acostumada a vê-lo me esperando quando voltava do trabalho, a jantarmos juntos, a assistirmos à televisão abraçados no sofá todas as noites.

Agora eu preparava meu próprio almoço, jantava comida congelada sozinha e sentia saudades do dono de casa que eu havia mandado de volta ao trabalho.

Quando entramos no novo milênio, eu já estava há quase três anos no mesmo emprego, na *Runner's World*. Foi então que recebi uma oferta de um editor de livros para fazer um trabalho de *ghost-writer* que me renderia mais da metade de meu salário anual. Outras editoras me procuraram, querendo saber se eu estava interessada em realizar outros projetos, e também pagavam muito bem.

Foi fácil perceber que poderia ganhar muito mais dinheiro trabalhando por conta própria do que como funcionária de uma empresa.

Pedi demissão.

O ano que se seguiu foi especialmente feliz para nós dois: eu apaixonada por meu trabalho; ele apaixonado pelo trabalho dele, ambos apaixonados um pelo outro. Tínhamos mais dinheiro do que precisávamos e isso nos permitia fazer massagens semanais, comer em restaurantes caros, viajar regularmente a Nova York para assistir a musicais e jantar fora, passar férias no Havaí e no Yosemite.

Não brigávamos com frequência, mas, quando o fazíamos, o motivo era sempre o mesmo: as tarefas da casa. Como eu trabalhava no mesmo local em que vivia, não conseguia mais tolerar a bagunça de Mark. Ele me dizia para ignorar as roupas espalhadas e os pratos sujos, mas eu era incapaz de fazer isso. Então, às sete da manhã, lá estava eu guardando sapatos, limpando armários, colocando a roupa suja no cesto e lavando a eterna pilha de louças sobre a pia. Se conseguisse passar o dia inteiro sem sentir necessidade de arrumar a casa, eu me descontrolava à noite. Ele queria fazer sexo. Enquanto estávamos nas preliminares, eu pensava na correspondência que se acumulava em cima da mesa de jantar.

Eu sabia que cuidava de muito mais coisas em casa do que ele. Ele não acreditava nisso. Eu não gostava que ele não acreditasse. Ele não sabia que eu estava sempre certa?

Na maioria das vezes, pelo menos.

Dessa vez, definitivamente.

Para provar que estava certa, fiz uma lista de todas as tarefas que precisavam ser realizadas semanal e mensalmente. A lista incluía aparar a grama, cuidar das plantas, passar o aspirador de pó, espanar, cozinhar, comprar comida, lavar o banheiro, limpar a cozinha, lavar a roupa, pagar as contas, administrar o dinheiro e muito mais. Sempre que um de nós completava uma tarefa, verificávamos se estava benfeito e anotávamos o tempo que havíamos gasto com ela. Quando contabilizamos os números, Mark não pôde negar que eu trabalhava duas vezes mais do que ele. Acho que suas palavras exatas foram: "Uau, você acabou comigo!"

Dividimos as tarefas de maneira mais justa. Cortar a grama seria sempre responsabilidade dele. Ele concordou em cuidar das folhas que caíam no outono e da neve no inverno. Também concordou em passar o aspirador, lavar a roupa e a louça. Eu fazia todo o resto.

> Faça uma lista de todas as tarefas domésticas que vocês dois achem que precisam ser feitas regularmente. Decidam quais você fará, quais ele fará, quais vocês podem fazer juntos e quais vocês podem contratar alguém para fazer (uma faxineira, um jardineiro, uma cozinheira, etc.).

Depois de meu primeiro ano trabalhando em casa, eu disse a Mark que me sentia muito sozinha e que gostaria de ter um cachorro para me fazer companhia. Ele resistiu, afirmando que possuir um cão era assumir um grande compromisso.

Mas, com o passar do tempo, Mark acabou concordando e, um dia, fomos até a Sociedade Protetora dos Animais. Ali, encontramos um doberman marrom imundo, com orelhas caídas, a cabeça baixa e o rabo entre as pernas. O cão olhou para mim e seus olhos amarelados e compassivos revelaram toda uma vida de dor e sofrimento. Assim que o vi, um pensamento me veio à cabeça: "Preciso levar esse cachorro para casa. Ele é a minha alma gêmea."

Pagamos 50 dólares e caminhamos lentamente ao lado do cão, que mais tarde receberia o nome de Rhodes.

Três dias depois, nosso passivo e dócil cãozinho triste havia perdido todos os sinais de trauma e queria brincar e correr 24 horas por dia. Ele empurrava minhas mãos para longe do teclado com o focinho e jogava as patas no meu colo. Rhodes comeu todas as caixas de lenços de papel que havia na casa, esvaziou inúmeras vezes o conteúdo da lata de lixo e mastigou o controle remoto do meu carro, fazendo o alarme disparar. Quando eu o levava para passear, ele perseguia esquilos, coelhos e qualquer outro ser que cruzasse seu caminho, arrastando-me atrás dele. Certa vez, ele se jogou para a frente tão depressa que meus pés saíram dos sapatos e caí de barriga no chão.

Resolvi colocá-lo num adestramento. Na primeira noite, ele me puxou pela sala toda e fizemos um circuito completo por todos os traseiros caninos que ali se encontravam.

Mas ele aprendeu depressa. Adestrá-lo se transformou em meu projeto pessoal. Comprei e li todos os livros sobre treinamento de cães que consegui descobrir. Pratiquei os comandos com ele todos os dias.

No fim do curso, ele já era um cachorro de quase 30 quilos, bem comportado, dócil, que vinha me dar carinho sempre que eu me sentava. Ele ficava no escritório o dia inteiro enquanto eu trabalhava. Quando eu ficava doente, ele não saía de perto de mim. Quando eu ia ao banheiro, lá estava ele. Quando eu o deixava em casa sozinho, ele uivava em protesto.

E você não vai acreditar: no dia de sua formatura, ele ganhou o prêmio de "Cão que Mais Evoluiu"! Meu cachorro! Um vencedor!

Eu estava apaixonada por Rhodes e, por alguns anos, ele preencheu o vazio que havia dentro de mim.

Até o dia que não preencheu mais.

Quando conheci Mark, disse a ele que não tinha certeza de que queria ser mãe, mas, depois de três anos de casamento, comecei a sentir uma vontade louca de ter um bebê. A necessidade de ter um filho se transformou em um anseio permanente. Era mais forte do que qualquer outro desejo que eu já tivera na vida. Sentia que, sem um filho, minha vida jamais seria completa. Ele tinha mudado de ideia sobre o cachorro, não é mesmo? Não poderia também mudar de ideia sobre um bebê?

– Eu quero ser mãe – falei, uma noite. – Eu preciso ser mãe.

– Um filho é um compromisso muito grande. Dá muito trabalho – disse Mark, suspirando.

– Eu sei. Mas mesmo assim eu quero um filho. Quando estiver morrendo, não quero olhar para trás e descobrir que tudo o que fiz na vida foi trabalhar e ganhar dinheiro. Quero saber que fiz alguma coisa importante. Quero saber como é estar grávida. Quero saber como é dar à luz. Quero saber como é amamentar. Quero saber qual é a sensação de ter um filho que me ame mais do que qualquer outra pessoa neste mundo.

– Vou pensar – Mark respondeu.

Estaria ele adiando a decisão intencionalmente, na esperança de que, com o passar do tempo, meus óvulos acabassem secos e inférteis? Estaria ele pensando que eu iria esquecer o assunto e desistir de engravidar? Será que eu conseguiria convencê-lo? Será que eu queria mesmo tentar? Será que ele era uma pessoa apta a ser pai?

Esta última pergunta me assustava.

> Um fato pouco conhecido: um homem que diz que não quer ter filhos realmente não quer ter filhos. Se você deseja ser mãe e ele não deseja ser pai, é melhor refletir bem sobre esse relacionamento.

Entretanto, o desejo de ter um filho era forte demais. Eu não conseguia ignorá-lo. Não conseguia me livrar dele. Eu insistia em pedir um filho a Mark e acabei prometendo que faríamos uma segunda viagem de lua de mel à Nova Zelândia antes de termos o bebê. Peguei um trabalho atrás do outro nos meses que se seguiram, sem recusar um único que fosse, mesmo que isso significasse trabalhar até as três da manhã algumas noites da semana. Em aproximadamente seis meses havia juntado 8 mil dólares, o suficiente para comprar as passagens e fazer uma caminhada ecológica com um guia. Planejamos viajar por duas semanas e meia, no mês de janeiro.

Um dia, no final de novembro, entrei em casa e encontrei Mark sentado na sala. No meio da tarde.

– Por que você não está no trabalho? – perguntei imediatamente.

– Preciso falar com você – ele respondeu. – É melhor você se sentar.

– O que foi? Alguém morreu?

– Não. Ninguém morreu, mas eu preciso lhe contar uma coisa e acho que você não vai gostar nem um pouco.

– Fale – respondi. – Não pode ser tão ruim assim.

– Perdi meu emprego. Eles terceirizaram a minha função.

Fiquei em silêncio por algum tempo.

– Mark, nós... vamos... superar... isso. Vai... ficar... tudo... bem.

As palavras saíram forçadas. Eu queria que elas fossem verdadeiras. Mas o que eu estava pensando, na realidade, era: "Meu Deus, de novo, não! O que eu fiz para merecer isso? Como pude me casar com um sujeito que fica desempregado *duas* vezes?"

Fiz o melhor que pude para esconder esses pensamentos, para parecer forte e apoiá-lo.

Nós nos abraçamos.

No dia seguinte, ele foi ao departamento de recursos humanos para tratar da indenização e da prorrogação do seguro de saúde.

Adiamos a viagem à Nova Zelândia por precaução. E adiamos o bebê também.

> Você pode prever que tipo de pai o seu companheiro será observando como ele interage com os animais. Se você tiver que tomar todas as providências para cuidar do seu animalzinho de estimação – alimentação, higiene, carinho, treinamento e limpeza –, pode apostar que seu parceiro será um pai ausente e deixará todos os cuidados nas suas mãos.

Fiquei com medo de que a nova demissão arruinasse a autoestima de Mark e o deixasse em depressão.

E, para ser sincera, também tive medo de ter que passar o resto da vida sustentando meu marido desempregado. Esse pensamento me perseguia mais do que eu gostaria de admitir. Portanto, eu estava sempre cutucando Mark.

– O que você quer fazer agora? – eu perguntava.
– Não sei.
– O que acha de abrir uma loja de bicicletas?
– Não sei.
– O que é que você não sabe?
– Acho que não daria certo.
– Por que não?
– Simplesmente, não daria.

A discussão não levava a lugar nenhum. Por isso mudei de tática.

– Você poderia trabalhar para mim – sugeri. – Tenho mais projetos do que consigo dar conta. Seria bom ter um assistente.

Nas entrelinhas, entretanto, eu estava dizendo: "Isto é, até você conseguir outro emprego." Eu tinha absoluta certeza de que ele compreendera a mensagem que as repeti apenas 162 vezes.

Ele concordou em fazer uma experiência.

Tentei parecer confiante em relação ao nosso acordo, mas por dentro eu estava apavorada. Quando ele ficou desempregado pela primeira vez, eu era funcionária de uma empresa, recebia um salário fixo e tinha um seguro de saúde. Agora eu ganhava mais dinheiro, mas as entradas eram esporádicas. Às vezes recebia grandes quantias, às vezes não recebia nada. Quando descobri que um plano de saúde iria custar 750 dólares por mês, meu pânico aumentou. Eu imaginava os piores cenários e procurava as saídas possíveis. *E se não pudermos pagar a hipoteca? Usaremos o dinheiro da Nova Zelândia. E se o dinheiro da Nova Zelândia acabar? Venderemos algumas ações ou faremos um empréstimo. E se fizermos isso e ainda precisarmos de dinheiro? Pedirei ajuda aos meus pais.*

Mark concordou em assumir quase todas as tarefas da casa. Ia ao banco, levava encomendas ao correio e entregava materiais a alguns de meus clientes locais. Ele também escrevia e editava alguns projetos. Eu o supervisionava, lia o que ele havia escrito e, surpreendentemente, ele se revelou um escritor e editor muito melhor do que eu esperava.

Mark sempre fazia tudo o que eu pedia, mas sempre deixava tudo para a última hora, o que significava que, muitas vezes, eu o descobria em frente à televisão. Eu exigia que ele a desligasse e fizesse o que eu havia pedido, e ele respondia: "Vai ficar pronto na data marcada, o.k.?"

Isso me deixava furiosa.

É obvio que eu estabelecia prazos. É obvio que eu não precisava que ele terminasse as tarefas mais cedo. Mas, se ele o fizesse, seria bom. Seria ótimo se ele estivesse se esforçando para me ajudar a ganhar mais dinheiro. Seria maravilhoso se terminasse as tarefas antes do prazo, assim eu poderia passar mais alguma coisa para ele fazer. Você está seguindo o meu raciocínio, não está?

No fundo, eu tinha inveja dele. Eu também queria ficar esparramada na frente da televisão. Pelo menos uma vez, queria saber como era assistir ao programa da Oprah sem ter a sensação de que precisava retomar o trabalho. Queria ser uma mulher sustentada. Não precisava ser por muito tempo. Acho que um ano seria suficiente. Isso mesmo. Eu ficaria satisfeita com um ano de mordomia.

Mas eu não diria uma coisa dessas a Mark de forma alguma, pois isso me faria parecer uma mulher reclamona e gananciosa.

Os meses iam passando e eu ia ficando cada vez mais ressentida. Não gostava de dizer a ele o que fazer. Não gostava de vê-lo sentado na poltrona o dia todo. Não gostava de ouvir piadinhas dos nossos amigos sobre o fato de ele ser um dono de casa sustentado pela mulher.

Eu me sentia constrangida e explorada.

Eu queria ter orgulho dele. Queria que meus pais se orgulhassem dele.

Eu queria que os pais dele se orgulhassem dele.

Eu queria que ele fizesse qualquer coisa que deixasse as outras pessoas orgulhosas.

Então, eu continuava a mencionar a loja de bicicletas.

– Tem uma loja para alugar na Main Street – eu dizia.

– O ponto não é bom.

– Por que não?

– Não tem estacionamento.

Outra loja aparecia para ser alugada e eu comentava com ele. Mas era sempre grande demais. Ou pequena demais. Ou mal localizada.

Será que ele ia passar o resto da vida sentado no sofá?

É sempre melhor falar sobre seus desejos, necessidades e sentimentos – mesmo que isso a faça parecer um ser humano desprezível – do que guardar isso tudo dentro de você. Casar significa ficar cada vez mais próximo da outra pessoa.

> Significa ser capaz de entender o outro,
> até seu lado mais feio. Tenha coragem
> de mostrar a sua feiura.

Acrescentei a organização do orçamento doméstico na lista de tarefas de Mark. Baixei um programa de finanças no laptop, ensinei-o a usá-lo e expliquei sobre o plano básico que eu havia formulado, que era suficiente para nos permitir pagar nossas contas e fazer alguns investimentos.

Os dias viraram semanas, as semanas se transformaram em meses e eu, periodicamente, perguntava como iam as nossas finanças, ouvindo sempre a mesma resposta: "Tudo bem." Certa vez, ele me perguntou se poderia fazer uma viagem para esquiar com um amigo e eu respondi com uma pergunta:

– Como está a conta?

– Tudo bem.

– Então, vá – concordei.

Algum tempo depois da viagem, fui retirar dinheiro no caixa eletrônico e peguei um extrato. Tínhamos menos de 200 dólares no banco. Amassando com força o extrato na mão, voltei para casa e encontrei Mark em seu local predileto, diante da televisão.

– Como estão nossas finanças? – perguntei, sem conseguir esconder a raiva em minha voz.

– Como assim?

– Você vive dizendo que está tudo bem. NÃO está nada bem, nada bem mesmo.

– Como não?

– Temos menos de 200 dólares na conta.

– E daí?

– E daí que nós tínhamos 8 mil dólares poucos meses atrás! ONDE FOI PARAR TODO O DINHEIRO?

– Acho que gastamos – Mark respondeu.

– Em quê? Como torramos 8 mil dólares em poucos meses e não fizemos nada que justifique isso?
– Talvez minha viagem para esquiar tenha sido um pouco cara... – disse ele, com relutância.
– Quanto?
– O hotel foi caro.
– Quanto custou?
– Minha parte deu dois mil pela semana.
– E o que mais?
– Alugamos um *snowcat*.
– E que diabos isso quer dizer?
– Um veículo para subir e descer a montanha. Para não precisarmos esperar os elevadores. Tínhamos nosso próprio meio de subir.
– Quanto isso custou?
– É... 500 dólares por dia.
– Você pagou 500 dólares por um elevador de esqui?
– Hã-hã.
– E o que mais?
– Bem, o restaurante em que jantamos todas as noites era meio caro e também teve a passagem...
– Você não pensou em me perguntar se eu concordava?
– Você disse que eu deveria fazer a viagem.
– Aquele dinheiro era para financiar uma viagem que nós iríamos fazer *juntos*. Você sabe quanto eu trabalhei para economizar aquela quantia? Você não pensou nisso? Essa ideia nem passou pela sua cabeça?
– Eu sinto muito – disse ele.
– Eu também – respondi.

Um enorme abismo se abriu entre nós. Assumi o papel da mãe disciplinadora, e ele, o do filho rebelde. Odiei ter que fazer isso. Queria que ele agisse com responsabilidade sem que eu tivesse que forçá-lo. Reassumi a tarefa de cuidar das finanças e coloquei um limite para os gastos dele. Detestei cada minuto.

> Conversem sobre o valor do dinheiro. Definam quanto desejam economizar e quanto podem gastar. Separem uma quantia para que cada um possa comprar o que quiser. Não se meta na parte que não lhe cabe. Seu parceiro pode gastar todo o dinheiro dele em cerveja, se quiser – desde que o valor da cerveja não extrapole sua cota mensal.

Apesar de tudo, eu ainda queria um filho. Só não tinha certeza se ainda queria o meu marido. Não sentia por ele a mesma atração do passado e raramente tinha vontade de fazer sexo. Se ele ficasse impotente, nem sei se eu iria perceber. Eu queria que nos reaproximássemos e voltássemos a ser o casal que fomos um dia. Mas como? Quando as coisas começaram a desandar dessa forma?

Por alguma razão, uma segunda lua de mel parecia a única solução possível para os nossos problemas. Nunca me ocorreu fazer terapia de casal, provavelmente porque eu achava que só casais muito ferrados precisavam disso. Nós não estávamos no fundo do poço – apenas não éramos mais tão felizes como havíamos sido um dia. Só isso. Assim, uma segunda lua de mel parecia a saída perfeita. Um tempo longe de tudo transformaria meu marido em um homem apaixonado, responsável e trabalhador. Puf! Num passe de mágica.

A Nova Zelândia, é claro, estava fora dos planos. Não somente porque era caro demais, mas também porque seria uma prova de que eu estava errada quando disse que ele havia arruinado nossas chances de ir para lá.

Não, definitivamente não iria recompensá-lo por eu ter trabalhado como um camelo, levando-o para a Nova Zelândia.

Mas a Islândia? Era uma ideia atraente, além de ser muito mais barato.

A pequena ilha vulcânica, apesar da localização logo ao sul do Círculo Polar Ártico, tinha temperaturas entre 10 e 15 graus durante a maior parte do inverno. Poderíamos ver os gêiseres, as baleias, as cachoeiras e algumas centenas de espécies de pássaros. Poderíamos caminhar em geleiras e relaxar em águas termais. E só ficava a quatro horas e meia de avião. Pouco antes de fazermos o depósito para a reserva do hotel, Mark viajou para o Monte Snow, em Vermont, para participar do campeonato mundial de mountain bike. Eu estava sentada diante do meu computador quando ele telefonou.

– Em primeiro lugar, eu estou bem – disse ele, lentamente. Parecia meio tonto, como se tivesse acabado de acordar. "Estou bem" era a expressão que ele usava sempre que caía da bicicleta e me ligava da emergência de algum hospital. Provavelmente havia uma enfermeira limpando uma enorme ferida enquanto falávamos.

– O que aconteceu?

– Quebrei o tornozelo. Estava descendo a montanha durante um treino e caí. – Ele explicou que estava sendo levado para a sala de cirurgia e que me ligaria de novo quando saísse. Reiterou que realmente estava bem e disse que me amava.

– Espere um pouco – disse eu. – Foi grave assim? Devo cancelar nossa viagem à Islândia? Quando tempo você vai ficar engessado? Você vai conseguir caminhar nas geleiras?

– É melhor cancelar tudo. Sinto muito.

– Estou feliz por você estar bem. Você quer que eu vá até aí?

– Não, não precisa. Estou bem.

– Tem certeza?

– Tenho, sim, meu amor.

Fiquei parada, olhando para o computador. Não daria tempo de dirigir até Vermont, mas ele era meu marido, estava com a perna quebrada e ia passar por uma cirurgia. Ele não conseguiria dirigir de volta para casa.

Mas eu tinha muito trabalho a fazer. E era a única que estava trabalhando. Além disso, ele sabia que esse é um esporte perigoso. Uma mulher menos compreensiva poderia até dizer que ele fez por merecer.

Mas, mesmo não sendo uma mulher intolerante, eu precisava pagar a hipoteca. E não queria perder meus prazos. Perder prazos é o que outras esposas faziam quando seus maridos quebravam a perna. Portanto, continuei digitando um pouco mais.

E então uma estranha sensação tomou conta do meu ser.

Era culpa.

Misturada com medo.

Junto com alguma preocupação.

E também uma dose de empatia.

Esse coquetel de culpa, medo, preocupação e empatia me fez entrar em contato com alguns dos amigos de Mark para pedir conselhos. Todos me disseram que era melhor parar de dar desculpas, levantar da cadeira e ir correndo para Vermont. E disseram enfaticamente coisas do tipo: "Ele realmente vai precisar muito de sua ajuda. É melhor você ir."

Röbi se ofereceu para me acompanhar.

Estávamos na estrada havia cerca de 30 minutos quando Mark ligou.

– Coloquei duas placas e 23 pinos na perna – disse ele, vangloriando-se.

– Uau, você não quebrou a perna. Você a estilhaçou. Estarei aí em algumas horas.

– Não precisa, eu estou bem.

– Mark, como você vai voltar para casa? Você não pode dirigir. Röbi está comigo. Eu vou trazer você e ele vai trazer o seu carro. Já estamos a caminho.

– Não, vocês não precisam vir mesmo. Vou pegar uma carona com algum amigo. Estou bem. Deixe-me falar com Röbi.

Passei o telefone para Röbi, que conversou com Mark durante um tempo e depois desligou.

– O que você quer fazer? – ele perguntou.

– Acho que é melhor voltarmos – respondi.

Por causa de um mal-entendido, o amigo de Mark não apareceu quando ele recebeu alta. Usando apenas uma camisola de hospital, Mark pegou um táxi e pediu ao motorista que o levasse a uma farmácia para comprar os remédios e depois a um hotel. No dia seguinte, o tal amigo finalmente respondeu aos inúmeros recados que deixei em sua caixa de mensagens e foi até o hotel buscar meu marido e trazê-lo para casa.

Eu me senti incrivelmente culpada, mas terminei meu projeto dentro do prazo.

> Se o seu marido for hospitalizado, pare o que estiver fazendo e vá para o hospital. Faça isso, mesmo que ele afirme que não precisa de você. *Ele precisa.* Só não quer parecer frágil. Um oficial do exército não liga para a esposa e diz que precisa dela, mesmo que esteja com o corpo todo engessado, certo? Seu marido também não.

Mark teria que manter a perna elevada durante um mês. Depois disso, conseguiria pular pela casa de muletas, mas não poderia apoiar o peso do corpo sobre a perna durante três ou quatro meses. Se o fizesse, corria o risco de fazer os pinos saírem do lugar.

É politicamente correto usar a palavra "inválido"? Ótimo, porque essa era a situação. Vamos deixar uma coisa bem clara: quando nos casamos, fiz um voto que dizia "na saúde e na doença", mas pensei que as doenças só fossem aparecer depois que estivéssemos aposentados. Eu não estava preparada para cuidar de um homem de trinta e poucos anos, especialmente tendo que trabalhar mais de 40 horas por semana.

Mas eu ia dar conta do recado. E com um sorriso nos lábios. E ia dizer aos meus amigos e parentes que estava "ótima!".

Porque esse é o tipo de mulher que eu sou.

Trabalhava minhas horas normais e ainda cozinhava, limpava a casa e arrumava o jardim. Eu o levava de carro às consultas do ortopedista e à fisioterapia e me esforçava ao máximo para ser solidária e compreensiva.

Mas ele não facilitava as coisas. Eu mal começava a escrever um parágrafo e ele gritava:

– Dá para trazer um café para mim?

Eu descia até a cozinha, preparava um café, subia as escadas, voltava a tentar escrever e então ouvia sua voz outra vez:

– Terminei o café. Você pode colocar a xícara na pia?

Um dia, cerca de um mês e meio depois da cirurgia, cheguei do mercado e encontrei uma caneca de café ao lado da poltrona de Mark.

– Como você pegou o café? – indaguei.

– Peguei um banco e o empurrei com as mãos enquanto pulava num pé só até a cozinha. Fiz o café, coloquei em cima do banquinho e pulei de volta.

Ele parecia muito orgulhoso de si mesmo. Olhava para mim como se esperasse um abraço, ou, pelo menos, uma palavra de incentivo.

Mas o que ele recebeu foi meu pedido de demissão.

– Ótimo, então, de agora em diante, você pode pegar sozinho seu café, sua cerveja, sua comida ou o que quer que seja. Não precisa mais me chamar enquanto estou trabalhando.

Além disso, contratei uma faxineira, coisa que eu ameaçava fazer havia tempos e ele sempre me fazia mudar de ideia. Mark argumentava que não gostaria de ter uma estranha dentro de casa. Mas eu sabia a verdade: ele tinha medo que os amigos fizessem ainda mais chacota com a sua situação.

Mas, pensando bem, minha sanidade mental era mais importante do que a reputação de Mark. E eu não podia deixar de concordar que ele era mesmo um desempregado preguiçoso sustentado pela mulher.

No fim do verão, a perna dele ficou boa e ele tirou o gesso. Fazia um ano que havíamos conversado sobre ter um filho. Eu havia escrito um artigo sobre como a fertilidade da mulher começava a decair perto dos 30 anos. Como eu tinha 33, minha chance de engravidar, se conseguisse fazer sexo no meu dia mais fértil do mês, era de apenas 40%. Esse número cairia para 30% quando eu completasse 35 anos.

Assim, abandonamos o Projeto Segunda Lua de Mel e demos início ao Projeto Conceber. Comprei um termômetro para medir minha temperatura basal, li *Seja fértil mais tempo* e transei com meu marido dia sim, dia não. Abri mão do café. Parei com o álcool. Comi menos tofu. Fiz inúmeros testes de farmácia.

Um mês se passou. Dois meses se passaram. Três meses se passaram.

Será que deveríamos começar a pensar em adoção?

No início de dezembro, viajei para Phoenix a trabalho. Minha menstruação deveria chegar durante a viagem, por isso levei absorventes, tampões e um teste de gravidez.

Minha segunda manhã em Phoenix marcou o 27º dia do meu ciclo. Ainda era cedo para fazer um teste, mas eu não conseguia esperar. Precisava saber. Kit a postos, calças para baixo. Numa fração de segundo, dois indiscutíveis tracinhos apareceram.

Liguei para o celular de Mark.

– Querido, estou grávida – disse eu.

– Está? Como você sabe?

– Acabei de fazer um teste.

– Mas não pode ser um falso positivo? – ele indagou.

– Acho que não. Vou fazer um exame de sangue quando voltar para casa, mas não tenho a menor dúvida. Estou grávida. Há um bebê na minha barriga. Posso sentir.

– Ah, tudo bem – disse Mark.

– Preciso voltar para a conferência. Só queria que você soubesse.

– Ah, sim, o.k.

Essa conversa não pareceu totalmente errada para você?

Para mim, certamente pareceu. Achei que Mark ficaria tão agitado com a notícia quanto, por exemplo, se descobrisse que tínhamos dinheiro suficiente para ele fazer uma viagem e passar o mês inteiro praticando *snowboard*.

Entretanto, o nível de animação dele era o mesmo de quando eu dizia que algum eletrodoméstico parara de funcionar e que precisava ser substituído por um novo, usando parte do dinheiro que poderia ser gasto em uma viagem para praticar *snowboard*.

Ele parecia conformado. Derrotado.

Ou seria minha imaginação? Talvez os hormônios da gravidez já estivessem me deixando mais sensível.

Guardei o teste na mala.

Quando voltei para casa, mostrei-a para Mark.

– Você guardou isso? – ele perguntou, com expressão de espanto.

Ele quer esse bebê. Ele quer esse bebê. Ele quer esse bebê.

Essa era apenas uma das curiosas diferenças entre homens e mulheres, disse a mim mesma. Mulheres guardam testes de gravidez cheios de xixi, colocando-os em álbuns de recordação junto com imagens de ultrassom, pulseiras de identificação da maternidade e cordões umbilicais secos.

Os homens não; eles jogam tudo isso fora. Só porque Mark não queria inspecionar cada milímetro do papelzinho do teste coberto de urina não significava que não queria o bebê.

Certo?

Uma semana depois, fui ao médico para fazer um exame de sangue. Talvez eu tenha pedido a Mark que fosse comigo. Ou não. Talvez tenha dito algo como "Vou fazer o exame de sangue amanhã" e ele tenha respondido "Você quer que eu vá junto?". Posso ter dito "Não precisa", embora querendo dizer "Claro que quero". Talvez ele não soubesse que "Não precisa" significa "Eu gostaria muito que você fosse" e por isso não estivesse lá.

Bem, eu simplesmente não me lembro. A única coisa de que me recordo é que só me dei conta de que eu queria mesmo que ele estivesse ao meu lado quando a enfermeira disse:

– Parabéns! Você está grávida!

Foi naquele instante que eu ansiei por alguém para limpar as lágrimas de alegria que escorriam pelo meu rosto, para me abraçar e dizer: "Uau, isso é o máximo!"

Mark estava desempregado havia mais de um ano. Você não acha que já dava tempo de ele ter encontrado um emprego? Eu certamente achava, por isso pedi a ele que arranjasse um trabalho. Não importava onde. Por mim, ele poderia fritar batatas em uma lanchonete. Só o que eu queria era que ele tivesse um salário quando o bebê chegasse. Queria um marido que trabalhasse. Como os maridos das outras mulheres faziam.

De vez em quando, eu o encontrava passando os olhos pelos anúncios de emprego. Mas, no fim do primeiro trimestre da minha gestação, ele ainda não tinha ido ver nenhum.

Uma noite, ele disse:

– Há uma sala para alugar no centro da cidade. É o lugar perfeito para uma loja de bicicletas.

Eu vinha sugerindo que ele abrisse uma loja de bicicletas havia anos. Seria perfeito. Essa era a vocação dele. Eu sabia disso há muito, muito tempo.

Mas ele queria abrir a loja *agora*? Durante a minha gravidez? Justo quando eu tinha esperanças de trabalhar menos e tirar um tempo para descansar? Por que ele não decidiu isso antes? Um ano antes? Dois anos antes? Ele esperou até o momento mais inconveniente para finalmente decidir que, sim, era uma boa ideia ter uma loja de bicicletas.

– Por que você não fez isso antes?
– Porque antes não tinha uma boa loja para alugar.
– Tinha, sim. Havia muitas lojas para alugar.
– Mas não eram bem localizadas. Essa é no local certo. Fica na principal rua do centro e o aluguel é barato. É o lugar perfeito e acabou de ser anunciada.

– Você não vai estar tirando lucro nenhum quando o bebê nascer – retruquei.

– Eu sei – ele admitiu, com os braços cruzados.

– Quanto vai custar para montar a loja?

– Podemos arrumar e decorar a loja sem gastar quase nada, mas vamos precisar de cerca de 40 mil dólares para montar o estoque.

Eu era uma pessoa que economizava. Guardava mais de 20% do que ganhava por mês desde que comecei a trabalhar por conta própria. E também havia feito bons investimentos. Nós tínhamos o dinheiro. Tecnicamente, esse não era o problema. Eu só não tinha certeza de que teríamos o suficiente para abrir a loja e nos sustentar, já que eu pretendia parar de trabalhar por pelo menos seis semanas por causa da licença-maternidade.

– Eu não quero ser um obstáculo entre você e o seu sonho, mas não posso deixar de dizer que agora é um péssimo momento para isso. Nós dois vamos ter que fazer muitos sacrifícios se levarmos essa ideia adiante. Isso é mesmo importante para você?

– É.

E, assim, enquanto eu procurava cursos pré-natais e lia *O que esperar quando você está esperando*, Mark tinha reuniões com contadores e advogados. Todos recomendaram que fizéssemos uma segunda hipoteca da casa em vez de vender ações ou pegar um empréstimo. Quando assinei os papéis para abrir uma linha de crédito dando a casa como garantia, senti uma mistura de excitação e medo. Esperava estar fazendo a coisa certa, mas não podia evitar sentir que estávamos cometendo um grande erro.

Meu marido, aquele preguiçoso que vivia sentado na sua poltrona preferida, se transformou em um madrugador que corria para a futura loja antes do nascer do sol. Ali, ele e alguns amigos passavam horas derrubando paredes, instalando pias, montando um bar, passando massa corrida e sabe-se lá o que mais.

Com frequência, ele voltava para casa muito depois de eu ter ido dormir. No dia seguinte, ele retomava a mesma rotina de trabalho.

Enquanto ele se concentrava em dar à luz um bebê em forma de loja de bicicletas, eu me concentrava em parir um bebê da espécie humana. Fiz ioga, contei cada grama de proteína que comi e li tudo sobre gravidez e parto.

Enquanto eu pintava o corredor, ele pintava as paredes da loja. Enquanto eu mudava a posição dos móveis e me desfazia de alguns para preparar o quarto do bebê, ele comprava e instalava uma máquina de café expresso e montava uma área para conserto de bicicletas. Enquanto eu estava obcecada por nomes de bebês, ele estava obcecado pelo nome que daria à loja.

Éramos duas pessoas vivendo em universos paralelos.

Estávamos perdendo o contato em outras áreas também. A gravidez me deixava bastante excitada sexualmente, mas Mark sempre recusava minhas investidas.

Teria ele perdido o amor por mim? Teria eu perdido o amor por ele? Será que ele se importava com algo além de suas bicicletas, sua loja e seus amigos?

Eu ouvira falar sobre o Método Bradley, um programa de 12 semanas que ensina os maridos a ajudarem suas esposas durante um parto normal. Tinha esperanças de que as aulas nos aproximariam. Eu esperava que isso o estimulasse a se interessar um pouco mais pela criança que crescia em minha barriga.

– Doze aulas? É preciso mesmo tanto tempo para aprender a ter um filho? – ele perguntou.

– Uma das minhas amigas adorou o curso. Acho que seria muito útil.

– Estou ocupado preparando a loja. Perder 12 manhãs de sábado é muita coisa.

– Eu queria muito fazer esse curso – expliquei.

– Está bem – ele respondeu, suspirando.

Mark me acompanhou à primeira aula. Na semana seguinte,

ele disse que estava muito enrolado e que não poderia ir. Ele foi comigo a algumas aulas e faltou outras. No penúltimo dia, simulamos a experiência do parto. Mark esfregava minhas costas enquanto eu segurava um cubo de gelo, mas dava para ver que ele não queria estar ali. Eu me imaginei tendo um parto prematuro, telefonando para ele para avisar que a bolsa havia estourado. Será que ele pediria a um de seus amigos que me levasse para o hospital? Será que ele conseguiria encontrar um tempo para assistir ao parto do próprio filho?

Recebi um e-mail do meu irmão perguntando se eu conhecia alguém que se interessasse em adotar sua cadela Weimaraner, de raça pura. Ele queria se livrar dela porque ela latia demais.

"Se o problema for só esse, eu fico com ela", respondi, acreditando que seria bom para Rhodes ter uma companhia para brincar enquanto eu estivesse ocupada com o bebê.*

"Sério?", ele escreveu.

"Preciso falar com Mark antes. Depois confirmo com você."

Conversei com Mark naquela noite mesmo.

– Provavelmente ela só precisa de um adestramento. Você se lembra de como Rhodes era descontrolado? Eu o adestrei. Posso fazer o mesmo com ela. O que você acha?

– Se você quer assim – disse ele.

Logo percebi que adotar Jasmine durante o terceiro semestre de gestação significava o fim de qualquer possibilidade de uma gravidez tranquila. Ela não parava de latir. Provocava Rhodes. Mordiscava o traseiro dele pela simples razão de que ele estava ali, ao alcance de seus dentes. Roubava comida da tigela dele. Apropriava-se da sua cama. Expulsava-o das escadas, da minha cama e dos lugares onde ele tomava sol. Roubava os ossos dele.

---

* Sim, caro leitor, eu sei. Essa ideia não fazia o menor sentido. O que posso dizer? Eu estava grávida! Não estava raciocinando com clareza.

Rhodes andava amuado pela casa, de orelhas caídas, o rabo entre as pernas e a cabeça baixa. Coitado! Ela também aterrorizava as visitas. Deitava no chão como se fosse uma bolinha calma e feliz. Então, se alguém cometia o erro fatal de aproximar-se demais, falar alto demais ou fazer qualquer coisa demais, ela atacava. Nem um dia se passava sem que eu tivesse que sair correndo atrás dela, agarrá-la e jogá-la no chão para evitar que enfiasse os dentes em alguém. Todas as vezes que eu gritava "Não, Jasmine!", sentia o bebê mexer e me preocupava com o ser pequeno e nervoso que eu iria parir em breve.

> Lide com um elemento conjugal estressante de cada vez. Se você está grávida, não adote um cãozinho. Se está abrindo um negócio, não fique grávida. De maneira nenhuma, nunca, em tempo algum, pense em abrir um negócio, ter um bebê e adotar um cachorro ao mesmo tempo.

Em maio, a loja de Mark já estava funcionando. Ele trabalhava das sete da manhã às sete da noite de segunda a sexta-feira; das oito da manhã às quatro da tarde aos sábados; e das nove da manhã às duas da tarde aos domingos.

Entretanto, durante a semana ele precisava chegar antes das 7 horas para ligar a cafeteira. E precisava ficar até mais tarde para passar o aspirador, jogar o lixo fora e fazer a contabilidade do dia.

Quanto aos preparativos para a chegada do bebê humano, tudo era comigo. Comprei alguns itens de segunda mão – berço, roupas, um balanço – de minhas amigas. Fiz um estoque de fraldas, lençóis e pomadas contra assaduras. Com a ajuda dos meus pais, pintei e decorei o quarto do bebê.

Fiquei obcecada pela escolha do nome. Li alguns livros sobre nomes de bebês; fiz listas; pedi opinião aos outros. Perguntei ao Mark o que ele achava dos nomes que eu havia selecionado, mas nunca consegui nenhuma reposta além de um apressado "Ainda é muito cedo para pensar nisso".

Será que os outros pais eram tão desinteressados quanto Mark? Será que ele se importava mais com a loja do que comigo? Ele se importava, de alguma maneira, com o bebê?

Ele *desejava* o bebê?

Meu casamento estava desmoronando?

Eu pensava nessas questões, mas fazia muita força para ignorá-las. Empurrei-as para um canto escuro do cérebro, o mesmo que guarda perguntas como "O que acontece após a morte?". Tentei fingir que tudo estava perfeito, que meu marido me amava e que, como eu, ele estava exultante com a ideia de ter um filho.

No dia 5 de agosto, duas coisas ficaram claras: eu teria que fazer uma cesariana e o bebê nasceria sem nome. O bebê estava na posição errada, com a cabeça para cima e o bumbum para baixo. Tentei de tudo para fazê-lo virar. Passava horas com as pernas em cima do sofá e a cabeça no chão. Tentei hipnose. Testei uma técnica de quiropraxia que, assim diziam, ajudava a virar os bebês mal posicionados. Procurei um tratamento de cura energética e me submeti a um desconfortável procedimento no qual dois médicos pressionaram as mãos no meu abdômen, numa tentativa de forçar o bebê a mudar de posição. Nada disso funcionou. A cirurgia foi marcada para o dia seguinte.

Meus pais resolveram passar a noite na minha casa para que pudessem me acompanhar na hora do parto, no dia seguinte. Depois do jantar, Mark me perguntou se poderia sair para encontrar alguns amigos no bar.

– Você não quer ter esse bebê, não é?

– Como é que "posso ir me encontrar com Wood e Beevis no Farmhouse?" se transformou em "não quero ter esse bebê"?

– O berço ainda não está montado. O moisés também não. Não sabemos o nome que vamos dar ao nosso filho. Estou apavorada com a cirurgia. O parto é amanhã, e, em vez de ficar em casa e me ajudar a me preparar, você que sair com seus amigos – respondi, entre soluços.

– Você vai ficar no hospital por alguns dias. Posso arrumar tudo antes da sua volta para casa. Além disso, não vamos precisar do berço por enquanto – argumentou ele.

Respirei lentamente, tentando me acalmar, procurando palavras que soassem lógicas aos ouvidos dele.

– Vou ficar mais relaxada se tudo estiver pronto antes de ir para o hospital. Você não poderia fazer só isso por mim? Por nós? É tão importante assim você sair com seus amigos esta noite?

– Esta pode ser minha última noite livre por um bom tempo.

Até aquele momento, as lágrimas vinham descendo devagar pelo meu rosto, mas agora elas jorravam. Alguns pais pintam e montam o quarto inteiro do bebê no final do primeiro trimestre da gravidez. Alguns o fazem antes da concepção. Nosso bebê ia nascer em menos de 24 horas. Será que os homens normais esperavam suas esposas se recuperarem da cirurgia e seus filhos estarem em casa para só então montar o berço? Será que eram os hormônios da gravidez que me faziam sentir esse enorme abismo entre nós? Será que meu marido ainda me amava? Será que ele tinha algum ressentimento em relação a mim?

– Faça o que quiser – respondi, sentindo uma gigantesca onda de raiva subir do estômago até a garganta.

– Se é tão importante para você, eu fico – disse Mark devagar, como se uma única palavra errada pudesse provocar em mim um ataque de fúria homicida. – Eu acho que temos MUITO tempo, mas, se você quer que eu faça isso agora, vou fazer, OK?

Ele montou o moisés sem dificuldade e com rapidez, mas o berço foi mais difícil, pois já era usado e não possuía mais o manual de instruções. Enquanto ele e papai lutavam com as peças do berço, tentando encaixá-las em alguma posição, e depois, pensando melhor, desmontando tudo e tentando de outra maneira, Mark resmungava sem parar:

– Não precisávamos fazer isso hoje. Temos tempo de sobra.

Eles terminaram já ia dar dez da noite e, então, Mark saiu para se encontrar com os amigos.

No dia seguinte, Mark me levou para o hospital às cinco da manhã. As três horas que tive de esperar até ir para o centro cirúrgico foram bastante agitadas, com várias enfermeiras entrando para me colocar no soro, me ligar a monitores de pressão e batimentos cardíacos, raspar meus pelos pubianos, me vestir com a camisola do hospital e realizar toda as tarefas pré-operatórias.

Um pouco antes das oito horas, as enfermeiras me levaram para a sala de cirurgia.

Às 8h11, o obstetra puxou minha filha para fora da minha barriga. Ele a ergueu acima do lençol que separava meu tronco do resto do corpo. Ela ainda estava presa ao meu corpo pelo cordão umbilical.

– Esta é a sua filha – disse ele.

– É uma menina? – Eu sabia que Mark só concordaria em ter um bebê. Era uma menina e eu estava feliz da vida por isso.

– Eu te amo, filha – eu disse e, antes que alguém interpretasse mal minhas lágrimas, acrescentei: – Estou chorando de felicidade.

– Qual vai ser o nome dela? – uma enfermeira perguntou.

– Não sei – respondi.

Mais tarde, naquela manhã, decidimos que o nome seria Kaarina Izabel. Tomamos essa decisão momentos antes de Mark ligar para os pais dele avisando que o bebê havia nascido.

Passei a primeira noite no hospital, com o soro e o cateter ainda presos ao meu corpo, além de medidores de pressão e umas meias ligadas a um aparelho de compressão pneumática para evitar trombose. Eu não podia sair da cama sem a ajuda de uma enfermeira. Naquela noite, Mark saiu do hospital por volta das nove da noite para ir a um evento. Minha mãe dormiu no sofá ao meu lado, oferecendo-se para levantar à noite e trazer o bebê para eu amamentar.

Ela me perguntou por que Mark não havia ficado para passar a noite comigo.

– Ele é que devia estar aqui com você. O que há de errado com ele?

Eu ainda estava envolvida demais pelo fascínio de me tornar mãe. Respondi que não tinha ideia do que ela estava falando.

Fiquei dois dias e meio no hospital. Eu estava feliz, em êxtase total. Tinha uma filha linda e saudável, um quarto particular e todo o apoio que uma nova mamãe poderia precisar. Quando meu abdômen começava a doer, era só apertar um botão e uma enfermeira logo aparecia para injetar um forte analgésico que acabaria com minha dor antes que eu pudesse contar até dez. Quando eu queria tomar banho, empurrava o carrinho até o berçário, deixava lá minha menina e tinha o tempo que quisesse para me dedicar a mim mesma.

Quando surgia qualquer problema, por menor que fosse – dores por causa de gases, mamilos inchados, uma dúvida –, em poucos segundos chegava a enfermeira com remédios, pomadas ou respostas. Meu obstetra concordou em me dar alta um dia mais cedo para que eu pudesse comemorar meu aniversário em casa.

Liguei cedo para Mark e pedi que ele fosse me buscar.

– Estou muito ocupado agora. A loja está cheia de clientes. Pode ser às três da tarde?

– Não dá para vir mais cedo?

– Não, esse é o único horário possível.

Passei a maior parte do meu aniversário sozinha no hospital, embalando Kaarina de um lado para outro. Finalmente, pouco depois das três horas, Mark e meus pais nos levaram para casa.

Quando chegamos, Mark, seu amigo Ken e meu pai foram a uma festa de confraternização na loja. Eu os estimulei a ir, dizendo, enquanto eles se encaminhavam para a porta:

– Estejam de volta em uma hora para cortar o bolo.

Gail, a esposa de Ken, ficou comigo e com minha mãe.

Se você nunca amamentou, aqui vão algumas informações básicas sobre a produção de leite: quando um bebê nasce, a mãe não tem leite. Ela tem apenas colostro, um líquido viscoso com alto teor de proteínas. Os seios só produzem uma ou duas colheres de chá dessa bebida amarelada durante cada mamada. Isso estimula o recém-nascido a sugar, sugar e sugar. Com o passar do tempo, entre 24 e 78 horas, as sugadas constantes e ferozes estimulam as glândulas mamárias a produzir leite, que chega como um caminhão sem freios.

Meus seios, antes tão pequenos que mal enchiam o sutiã, dobraram de tamanho. Pareciam recheados de chumbo. Estavam enormes, pesados, duros e doloridos. Meus mamilos pularam para fora, parecendo dois cones deformados e ultrassensíveis – além de esfolados, pelos dias expostos àquelas pequeninas gengivas que trituravam minhas aréolas.

Kaarina era faminta. Eu a coloquei no colo e ela sugou o mamilo para dentro da boca. A dor entrou por ali e passeou por todo o meu corpo. Eu tinha a sensação de estar sendo eletrocutada pelos mamilos. Bem, é claro que eu nunca fui eletrocutada de verdade, portanto não posso garantir que a sensação seja exatamente a mesma. Mas faz todo o sentido. Pergunte a qualquer mãe que já amamentou.

Eu tentei relaxar, apesar da dor, pois me avisaram que esse era o processo normal. Repito para você que nunca amamentou: seria lógico que o leite ficasse armazenado nos seios da mamãe, pronto para consumo. Mas, se fosse assim, ficaria vazando o dia inteiro. Então, em vez disso, ele fica estocado nas glândulas mamárias. O movimento de sugar estimula sua descida, que é quando o leite passa das glândulas para os dutos.

Mas o meu leite não descia por nada. Kaarina apertava meu mamilo, depois o cuspia e chorava. Eu o enfiava de novo em sua boca, ela o apertava e voltava a tentar encontrar algum leite. Meu corpo tremia de dor e ela cuspia o mamilo outra vez. Em algum momento, Ken e papai chegaram.

– Onde está Mark? – consegui perguntar, entre uma e outra rodada de tortura mamilar.

– Ele ficou na loja – um deles respondeu.

– O quê?

Liguei para o celular de Mark.

– Por que você não voltou para casa com papai e Ken?

– Preciso cumprimentar mais alguns clientes. Estou trabalhando. Daqui a pouco estarei em casa.

– Mas eu disse para você voltar em uma hora.

– Preciso organizar as coisas por aqui.

– Estou com problemas aqui.

– Logo, logo estarei em casa.

Ken e Gail queriam esperar Mark chegar para que partíssemos o bolo quando estivéssemos todos juntos. Mamãe aqueceu algumas toalhinhas de mão e as colocou sobre meus seios. Kaarina protestou e começou a chorar.

– Acho que ela ainda está com fome – disse Gail.

Esse pequeno comentário me fez ter vontade de dizer umas palavras nada gentis para ela. Não vou revelá-las aqui porque Gail provavelmente vai ler este livro. Gail, querida, eu estava de péssimo humor, a dor estava me matando e eu estava expondo meus mamilos enormes para o mundo inteiro ver. Foi por isso que pensei naquelas palavras, o.k.?

Eu me levantei da cadeira, fui lá para fora e liguei novamente para o celular de Mark. Soltei grunhidos ao telefone, expelindo um som que surpreendeu a mim mesma.

– Venha para casa imediatamente.

Ele veio.

Comi meu bolo. Ken e Gail foram embora. Subi as escadas lentamente. Ao chegar, encontrei pequenos pedaços de plástico e linha por todo o quarto. Sabia que aquilo era obra de Jasmine. Rhodes não era mais um cão destruidor. Levei um bom tempo para descobrir o que aqueles retalhos tinham sido antes de serem destruídos. No instante em que a revelação me veio à mente, senti a dor da perda. Eram restos de um vídeo sobre cuidados com bebês ao qual eu ainda nem havia assistido e um par de sapatinhos feitos à mão que mamãe trouxera da Itália.

Os problemas com a amamentação continuaram noite adentro. Eu me sentava na cadeira de balanço em nosso quarto, com meu marido de um lado, tentando tirar o leite de uma das mamas com uma bomba manual, e minha mãe do outro, massageando meu seio, tentando ajudar o leite a sair usando um paninho quente.

Meus pensamentos davam voltas e iam de "Por favor, por favor, por favor, faça o leite descer" para "Isso é normal?", passando por "Outras mães também têm tantos problemas?", "Acho que não vou aguentar muito mais tempo", além de "Não acredito que estou deixando minha mãe massagear meus seios", "Está vendo? Ele realmente me ama. Ele não estaria tentando tirar leite do meu seio com a bomba se não me amasse" e "Como eu gostaria de assistir àquele vídeo sobre cuidados com bebês. Agora, nunca vou saber como ser uma boa mãe".

Então Kaarina pegou o seio com força, sugando um, depois o outro, fazendo-os diminuir consideravelmente de tamanho. Quando terminou, começou a chorar. Ainda estava com fome.

Ora, eu havia corrido maratonas e feito inúmeras coisas difíceis na vida. Normalmente, não costumo desistir das coisas. Mas eu *não* tinha mais forças para levar aquilo adiante.

– O que você quer que eu faça? – Mark perguntou. – Como eu posso ajudar? O que posso fazer?

– Mamadeira – eu disse, chorando. – Arranje uma mamadeira. Não aguento mais.

Mark encontrou uma farmácia que ficava aberta às duas da manhã, comprou leite em pó, mamadeiras e bicos, voltou para casa, ferveu tudo e preparou o leite. Kaarina aceitou bem e adormeceu com o bico da mamadeira na boca.

Está vendo? Um bom pai. Um mau pai teria ido dormir em vez de ir à farmácia. Um mau pai não teria fervido o bico. Um mau pai não teria dado mamadeira ao bebê. Ele me amava. Ele amava nossa filha. Eu estava exausta. Sabia que devíamos conversar sobre o fato de ele não estar em casa quando precisei dele. Mas eram três horas da manhã e eu estava cansada demais. "Amanhã nós conversamos", eu disse a mim mesma, cedendo ao poder do sono.
Na manhã seguinte, Mark saiu para trabalhar às 6h45. Recomecei a amamentação, com minha mãe fazendo compressas quentes para aliviar a dor dos meus mamilos. Mark só voltou depois das oito da noite. Mamãe assou um frango e todos comemos em silêncio.

> Se você pretende amamentar o seu bebê, procure orientação antes do parto. Amamentar pode não ser algo extremamente complexo, mas também não é nada fácil. A maioria das mães precisa de ajuda para aprender como fazer.

Enquanto meus níveis de estrogênio caíam de mil vezes acima do normal durante a gravidez para menos do que a quantidade habitual durante a amamentação, eu acordava repetidamente à noite e passava de 30 a 40 minutos amamentando, trocando fraldas e ninando Kaarina para que ela voltasse a dormir. Menos de duas horas depois, lá estava eu fazendo tudo de novo. As duas primeiras noites foram as piores. Eu a ouvia chorar, tentava me mexer, gemia de dor, ficava de lado e escorregava lentamente para fora da cama. Cada vez que eu acordava, tomava um remédio para gases e um analgésico, na esperança de que um dos dois facilitasse minha próxima jornada da cama ao berço. Eu não sabia quantos comprimidos havia tomado nem me lembrava dos horários.

Minha mãe planejara ficar duas semanas comigo. Entretanto, dia após dia eu via crescer uma tensão entre ela e Mark. Ele saía para trabalhar antes das sete da manhã e só voltava depois das oito da noite. Quando não estava na loja, estava andando de bicicleta ou conversando com os amigos. Mamãe fazia as compras, preparava todas as refeições e, periodicamente, resmungava sobre como seria bom se o pai da criança a pegasse no colo de vez em quando.

Uma semana após o parto, quando estávamos no carro, subindo a pequena ladeira que levava até a minha casa, mamãe disse:

– Oh, droga.
– O que houve? – perguntei.
– Acabou de acontecer uma coisa estranha.
– O que foi?
– Onde a gente estava?
– Como assim?
– O que acabamos de fazer?
– Fomos ao pediatra, depois tomamos um café e viemos para casa – eu disse. – Você não se lembra?
– Não – ela respondeu.

Liguei para meu pai e pedi o número do telefone do médico de mamãe, que me explicou que, embora pudesse não ser nada, era importante levá-la a uma emergência.

– Você não vai a lugar nenhum – disse Mark. – Hospitais são cheios de germes. Não é seguro levar um recém-nascido a um hospital.

– Mas como vamos levar mamãe até lá?
– Eu levo.

Com um peso enorme no coração, abracei minha mãe e fiquei olhando os dois se dirigirem ao carro.

Telefonei para meu pai. Sentei no sofá e fiquei olhando para o nada. Duas amigas apareceram para nos visitar. Eu me senti melhor por alguns instantes. Elas até me fizeram rir. Mark telefonou algumas vezes do hospital perguntando onde meu pai estava.

– Ele estava fazendo uma lasanha quando eu liguei – respondi. – Estará aí assim que puder. Não leva mais que uma hora e meia de carro, mas não tenho certeza se ele sabe onde fica o hospital. Mas por que você está perguntando? Você tem que voltar para o trabalho?
– Tenho – ele respondeu. A palavra saiu arrastada e fria. Nas entrelinhas, ele queria dizer: "Você é retardada? É claro que tenho que voltar para o trabalho."
– Então eu vou para o hospital. Não quero deixar minha mãe sozinha.
– Você não pode fazer isso.
– Não deixe minha mãe sozinha – implorei.
– É melhor seu pai chegar logo – disse Mark.
Algum tempo depois, meu pai chegou e Mark voltou para a loja. Minhas amigas foram embora e, quando uma delas dava marcha a ré no carro para sair da garagem, acabou batendo de leve no Subaru de minha mãe, comprado há apenas duas semanas. Arranhou a pintura e arrancou o espelho retrovisor. Eu disse que não precisava se preocupar com o prejuízo e então chorei até ficar com os olhos inchados.

Mark voltou para casa. Ele tentou me animar contando histórias sobre o hospital.
– O médico entrou no quarto e deu um copo d'água para sua mãe beber. Aí ele saiu e voltou cinco minutos depois, perguntando se ela sabia quem havia lhe dado a água. Ela não sabia.
– Oh! – exclamei.
– Ela ficava fazendo as mesmas perguntas muitas e muitas vezes. "Alisa já teve o bebê? É menino ou menina?" Era tão irritante que escrevi as respostas num papel e numerei-as. Quando ela repetia uma daquelas perguntas, eu dizia "Número 2", e ela lia a resposta.
– Hã-hã – respondi.
– Uma vez, quando ela me perguntou se era menino ou menina, menti e disse que era um menino. Ela não gostou.

Depois de vários exames, os médicos diagnosticaram Amnésia Global Transitória, que é um nome extravagante para "você não tem memória de curto prazo e não temos a mínima ideia da causa". Não era um derrame. Não era convulsão. Os médicos disseram que a memória começaria a voltar em um período de 20 horas após o início dos primeiros sintomas. Ela acabaria se lembrando de quase tudo. Não era nada grave. Não passava de uma pequena perturbação que desapareceria sozinha.

Lá pelas nove da noite, o que quer que estivesse interferindo na memória da minha mãe parou de criar problemas. Ela me telefonou do hospital e eu caí no choro quando ela perguntou:

– Eu consegui ser útil a você em alguma coisa nesta semana?

Chorei enquanto contava o quanto ela havia me ajudado e que eu jamais teria conseguido atravessar a semana sem a presença dela.

Desliguei o telefone e chorei ainda mais.

Os médicos a liberaram no dia seguinte.

Mais tarde, naquele mesmo dia, mamãe voltou para a casa dela com papai. Uma parte de mim ficou aliviada. Minha mãe não conseguia guardar para si mesma as opiniões que tinha a respeito de Mark e eu não estava dormindo o suficiente para conseguir conversar com ela sobre meus problemas matrimoniais sem me sentir despedaçada. Outra parte de mim, porém, estava triste.

Em poucas semanas, Kaarina começou a ter cólicas. A choradeira tinha início perto da hora do jantar. Quando Mark estava em casa, nós nos revezávamos para embalá-la até às dez ou onze da noite, quando ele ia dormir. Daí em diante, eu ficava sozinha até meia-noite, uma hora, duas horas da manhã, ou até que conseguisse fazê-la adormecer. Quando Mark não estava em casa, eu ficava com ela o tempo todo.

Certa vez, contrariando a norma, a choradeira começou por volta do meio-dia. Era difícil saber se o motivo do choro era cólica ou fome, por isso eu sempre oferecia o peito. E, assim, ficava passando Kaarina de um peito para o outro por horas a fio. Naquele dia, quando ela estava quase adormecendo, os cachorros latiram e ela acordou assustada. Gritei com eles e fechei a porta do quarto.

Mark chegou por volta das oito da noite. Eu o ouvi subindo as escadas. Ouvi os cachorros se levantarem. Mark abriu a porta devagar e parou na soleira.

– Você preparou alguma coisa para jantar? – ele perguntou.

– E por que os cachorros estão no corredor?

– Estou sentada nesta cadeira com essa menina pendurada no meu peito há oito horas – respondi por entre os dentes. – Não levantei nem para ir ao banheiro.

Num tom cuidadoso e animado, o mesmo que ele usaria para convencer alguém a não pular de uma ponte, Mark disse:

– Vou buscar alguma coisa para a gente comer.

Então, não mais que de repente, deixei de ser uma fábrica de leite para me transformar em uma fábrica de lágrimas e catarro.

Com olhos suaves e sustentando o sorriso forçado, ele perguntou:

– O que quer que eu traga para você? Como posso ajudar?

– Eu não aguento mais – solucei. – Sou uma péssima mãe. Não posso mais continuar com isso.

Ele caminhou em minha direção, ajoelhou-se ao lado da cadeira de balanço e colocou a mão nos meus ombros.

– Isso não é verdade. Você é uma mãe maravilhosa. Só teve um dia difícil.

Mark me abraçou até eu me acalmar. Depois, saiu para buscar a comida.

> Deixe o bebê com seu marido, mesmo que isso signifique que ele tome leite em pó. Mesmo que seu marido não segure a criança direito ou que o bebê chore toda vez que você não estiver por perto. Mesmo que seu marido coloque a fralda de trás para

a frente. Nenhuma mãe é indestrutível. Dê a si mesma um descanso antes que chegue ao desgaste total.

O telefone não parou de tocar o dia todo. Resolvi tirar o aparelho do gancho e parei de verificar as mensagens. Quando minhas amigas queriam vir me visitar, eu as dispensava, dizendo que estava cansada demais para receber visitas. Eu não conseguia fazer mais nada além de ninar, trocar fraldas e limpar a casa. Não tinha disposição para falar e ouvir o que os outros tinham a dizer.

Quando finalmente minha raiva explodiu, foi uma erupção forte, violenta e quase incontrolável. Uma tarde, acordei com os latidos incessantes de Jasmine. Saí depressa da cama, vi um osso de couro no chão, peguei-o e arremessei-o na direção dela. O osso bateu na cabeça de Jasmine e ela caiu para o lado.

E houve também a noite em que acordei porque Kaarina estava chorando sem parar. Parecia que eu tinha acabado de adormecer.

– O que você quer agora? – murmurei, enquanto colocava as mãos por baixo do corpinho dela. Senti um impulso irresistível de sacudi-la, jogá-la longe ou asfixiá-la. Umas boas sacudidelas fariam com que eu me sentisse melhor. Mostrariam ao meu marido que ele deveria me dar mais apoio. Ensinariam a ele a me valorizar mais. Agarrei Kaarina com firmeza. De repente, eu estava apertando seu corpo. As lágrimas começaram a rolar. Sentei na cadeira de balanço. Coloquei minha filha para mamar. As lágrimas jorravam pelo meu rosto. Solucei. Arfei. Ela mamou. Tive medo de mim mesma. Tive medo da minha raiva. Tive medo da pessoa em que eu estava me transformando. Eu não me sentia mais a mesma pessoa e não gostava nem um pouco daquela que via nascer dentro de mim.

Pela manhã, os acontecimentos da noite anterior pareciam um sonho. Eu me lembrava de todos os detalhes, mas era como se tivesse acontecido com outra pessoa. Eu era uma mulher equilibrada. Eu era feliz. Era do bem. Era generosa e inteligente.

Eu não era uma mulher que machucava bebês. Mas eu sabia que precisava contar a Mark. Com a voz trêmula, expliquei que quase agredi nossa filha. Disse que tive vontade de sacudi-la. Disse que talvez a tivesse sacudido, só um pouquinho, antes de cair em mim.

Eu falei que não sabia mais quem eu era nem no que estava me transformando.

Mark me garantiu que eu poderia acordá-lo sempre que precisasse dele.

Eu bem que tentei acordá-lo algumas vezes. Uma noite, por exemplo, Kaarina vomitou em cima de mim, da manta e da cadeira todo o leite que acabara de mamar. Era simplesmente impossível segurá-la e limpar toda aquela sujeira ao mesmo tempo. Eu estava com frio, molhada e fedendo a leite azedo. Chamei Mark, dizendo que precisava da ajuda dele.

– Já vou levantar – ele resmungou e voltou a dormir. Troquei de roupa, joguei tudo na máquina de lavar e esfreguei a cadeira. Segurando a bebê.

Houve muitas outras noites semelhantes. Cocô ou xixi, ou ambos, se espalhavam por todo o berço e eu precisava trocar a fralda de Kaarina, limpá-la, amamentá-la e colocá-la em algum lugar seguro enquanto limpava o berço e mudava a roupa de cama.

Pensando bem, eu poderia ter tentado mais. Poderia ter pedido ajuda mais vezes, mais alto e com mais insistência. Poderia, mas não fiz. Teria sido porque eu estava cansada demais para falar? Talvez. Teria sido porque eu tinha vergonha de pedir ajuda? Pode ser. Teria sido por querer enxergar a mim mesma como uma mãe perfeita, capaz de fazer tudo sozinha? Provavelmente. Teria sido porque eu já estava me preparando para ser uma mulher divorciada, sem um companheiro ao seu lado? Tudo isso é bem possível.

Dizer "preciso de ajuda" não significa que você seja fraca. Ao contrário, ter a coragem de admitir isso significa que você é muito, muito forte.

Uma manhã, coloquei Kaarina no chão sobre um cobertor. Jasmine estava dormindo por perto. Eu não confiava naquela cadela, por isso deitei entre ela e a bebê.

Pouco depois senti algo duro bater no meu rosto.

– Ai – exclamei, colocando a mão na bochecha, que latejava. Jasmine estava de pé.

– Você me m...? Não, você não fez isso! – Olhei fixamente para o cão. – Você mordeu o meu rosto?

Peguei Kaarina no colo e fui até o banheiro. No espelho, pude ver as marcas da mordida na minha maçã do rosto. A pele não estava rasgada, mas estava ferida.

Coloquei Kaarina no cercado e telefonei para Mark.

– Jasmine me mordeu – contei, desanimada. – Tenho certeza de que ela vai acabar mordendo nossa filha. Não sei o que fazer.

– Vou telefonar para Jim – disse ele.

Jim era um sobrevivencialista. Ele mantinha tanques de água enterrados no quintal, uma poderosa coleção de armas e três cães ferozes, tudo para protegê-lo no caso de uma catástrofe de qualquer espécie. Naquele mesmo dia, ele apareceu lá em casa com uma caminhonete com uma jaula na caçamba. Ele levou Jasmine embora e eu não senti um pingo de saudade.

Todo mundo precisa conhecer um Jim.

Cerca de cinco semanas depois do parto, estávamos ficando sem dinheiro. Não tive outra escolha senão começar a trabalhar. Logo que descobri que estava grávida, coloquei meu nome na lista de espera de uma das melhores creches das redondezas, mas sabia que não haveria vagas por pelo menos alguns meses. Com meus pais morando longe e meu marido dedicando-se à loja 12 horas por dia, minha única saída era tentar trabalhar enquanto cuidava de Kaarina. Aproveitava enquanto ela dormia, o que não acontecia com muita frequência. Ela cochilava duas vezes ao dia, durante 20 ou 30 minutos. Eu trabalhava quando ela estava quietinha no berço ou no cercado, quando estava mamando e quando estava apenas descansando no meu colo.

Eu fazia isso e me sentia terrivelmente culpada, porque queria focar a atenção na minha filha e não no computador, porque achava que ela merecia uma mãe que brincasse com ela em vez de mandá-la ficar quieta e porque, quando não estava trabalhando, eu não tinha uma gota de energia. Eu havia lido que bebês do sexo feminino eram especialistas em ler expressões faciais, ansiavam por sorrisos e contato visual. Naquele momento, eu era apenas uma sombra do meu antigo eu. Meu rosto não tinha expressão alguma, espelhando a ausência de pensamentos em minha cabeça. Eu temia que minha filha percebesse essa expressão sem vida e, de alguma maneira, acreditasse que não era amada.

Quando Kaarina completou 18 semanas de vida, ainda estávamos esperando por uma vaga na creche e fui informada de que talvez ainda demorasse seis meses para que abrisse alguma. Telefonei para todas as creches que encontrei. Quase todas tinham uma longa lista de espera. Finalmente, uma delas avisou que haveria uma vaga disponível para dali a duas semanas.

Então, numa manhã de dezembro, deixei Kaarina lá bem cedo. Caminhando até o carro, pensei que iria me sentir culpada, mas isso não aconteceu. Eu me senti aliviada.

Kaarina pegou o primeiro resfriado três dias depois e passou o resto do ano com o nariz escorrendo. As gripes, as febres e os problemas gastrointestinais constantes atrapalhavam seu sono. Em janeiro, ela voltou a acordar duas vezes durante a noite e, mais tarde, três. Aos 7 meses, Kaarina acordava a cada duas horas. Uma manhã de inverno, eu me descobri no final da rua sentada com ela dentro do carro. Havíamos acordado cedo e decidi levá-la para a creche, apesar de ainda ser seis e pouco da manhã.

Fiquei sentada, imóvel, por um longo tempo. Não podia sair dali porque não conseguia me lembrar de como ligar o farol.

Alguma coisa estava errada com o meu cérebro. Todos os meses eu recebia uma carta de cobrança de alguma conta atrasada que eu jurava que havia pago, mas que acabava encontrando embaixo de outro pedaço de papel. Marcava encontros para almoçar com amigas e me esquecia. Perdi o remédio de conjuntivite de Kaarina instantes depois de comprá-lo na farmácia; encontrei-o um ano depois no armário da cozinha. Esquecia o que estava falando no meio da frase.

De vez em quando, eu fantasiava sobre bater o carro contra árvores e postes. Via um poste na minha frente e pensava: "Deus, como seria bom acelerar e entrar de cara nele." Eu pensava mesmo em levar essa ideia adiante, mas não tinha coragem de soltar o cinto de segurança.

Quando Kaarina completou 8 meses, eu já havia experimentado todos os conselhos do manual *Soluções para noites sem choro*. Nenhum deles surtiu efeito. Várias amigas e até o pediatra haviam sugerido que eu simplesmente a deixasse chorar, mas sempre resisti à ideia. Mas agora eu estava desesperada. Acho que trocaria minha casa, meus móveis, minhas economias, minhas joias e meu marido por uma noite de sono decente.

Na primeira noite, fiquei sentada no chão do lado de fora do quarto de Kaarina, ouvindo enquanto o choramingo dela se transformava em berros, até virar um lamento contínuo. Ela ficou em pé no berço, balançando as grades e gritando "Ma-ma!" entre lágrimas. Chorou com tanta força que engasgou com a saliva e o catarro, muitas vezes parecendo que ia vomitar.

Estou fazendo a coisa certa. Estou fazendo a coisa certa. Estou fazendo a coisa certa.

Mark fechou a porta do quarto dela e, em seguida, a do quarto dele. Eu abri novamente a porta dela. Ele apareceu no batente e me perguntou por que eu fiz aquilo.

– Preciso ouvi-la – respondi. – Não posso ignorá-la.

– Não consigo dormir. Ela está chorando alto demais.
– Mark, eu não durmo há 8 meses. Isso vai levar três noites. São três noites na sua vida. Você sempre fecha a porta. Detesto quando você faz isso.
– Por quê? Eu só quero dormir. É querer muito? Dormir é normal. Todo mundo dorme à noite.
– Tudo bem – respondi, exausta demais para expressar meus verdadeiros sentimentos. – Vai dormir. Feche a porta.

Sentei-me no chão do corredor, sozinha, por duas horas e meia, até que ela finalmente parou de chorar.

※

O sono de Kaarina melhorou. Em vez de acordar a cada duas horas, ela acordava somente uma vez por noite. Por outro lado, a saúde piorou. Cada vez que ia para a creche voltava com uma doença diferente e, de cada duas semanas, uma ela passava em casa, com febre ou diarreia. Eu estava convencida de que o pessoal que trabalhava lá não estava cuidando da higiene dos mordedores das crianças nem lavando as mãos como deveria. É claro que eu não tinha como provar isso, mas uma forte intuição me dizia que era verdade.

Assim, comecei a procurar outra creche e acabei visitando a que o meu pediatra havia recomendado. A sala dos bebês era duas vezes maior do que o quartinho abarrotado da creche de Kaarina. Também era muito silenciosa. Nenhuma criança estava chorando. Estavam ouvindo Mozart.

– Oh, meu Deus – exclamei. – Preciso trocá-la de creche hoje.

A diretora me explicou que abriria uma vaga em agosto, perto do aniversário de Kaarina, dali a três meses.

Logo em seguida, minha filha teve uma febre de 39 graus que durou sete dias. Quando a febre cedeu, veio a diarreia. Ela ficou duas semanas em casa, e fiz o melhor que pude para conseguir trabalhar enquanto cuidava dela.

Mamãe sugeriu que eu tirasse Kaarina da creche para que ela

pudesse se recuperar em um ambiente mais saudável.
– Mas eu preciso trabalhar – respondi, desanimada.
– Então venha ficar aqui conosco. Podemos tomar conta dela enquanto você trabalha. Essa criança precisa se fortalecer.
– Vocês fariam isso? Sério?
– É claro. Vamos adorar.
Uma sensação de alívio tomou conta de mim.

A partir da semana seguinte, toda segunda-feira eu dirigia cerca de uma hora e meia até a casa dos meus pais, em Delaware, e ficava lá até sexta ou sábado, para que Mark pudesse passar algum tempo com a filha nos fins de semana. Quando estava ao lado deles, ficava mais relaxada. Não estava mais sozinha. Sentia-me feliz e cuidada. Não sentia falta de Mark.

Pensei na possibilidade de me mudar para lá permanentemente.

Entretanto, voltei para casa dois meses depois. Meus pais estavam ficando ansiosos para retomar sua vida normal. Papai mencionou que sentia falta de andar de bicicleta. Mamãe queria ter tempo de pintar. A nova creche conseguiu me arranjar uma vaga em tempo integral antes do esperado.

※

Eu poderia fazer uma lista de exemplos que caracterizariam Mark como marido e pai negligente e desinteressado, mas tenho mais do que certeza de que, a esta altura, você já percebeu isso. Se dissesse a Mark que o que eu queria que ele fizesse era inegociável, ele faria. Caso contrário, ele não faria.

Por isso, estou certa de que vai parecer absurdo o que vou contar agora: ele tentava fazer Kaarina andar desde o dia em que ela nasceu.

Sim, eu sei que parece um comportamento estranho vindo de um sujeito que prefere andar de bicicleta, tomar cerveja com os amigos ou ficar batendo papo na loja a ir a uma consulta da filha no pediatra. Mas não era surpreendente para mim. Conheço o marido que tenho e sei que ele é provavelmente o homem mais competitivo do planeta.

E quando o ser humano mais competitivo do planeta tem um sobrinho que andou aos 7 meses, o objetivo da vida desse pai se torna fazer a filha quebrar o recorde da família.

Para estimulá-la a andar aos 6 meses, ele a colocou sob treinamento intensivo. Ele a segurava pela cintura e a levantava, tentando fortalecer suas pernas apoiando o peso de seu corpinho hesitante sobre elas.

O sexto mês chegou e foi embora sem que ela caminhasse. O mesmo aconteceu no sétimo. No oitavo mês, ela engatinhou. Perto de completar um ano, Kaarina ainda se arrastava de barriga e Mark já havia desistido de fazer dela o bebê que mais cedo andou em todo o mundo. Mas ela estava progredindo. Conseguia ficar de pé e se equilibrar sozinha por alguns segundos. Seus primeiros passos estavam próximos e eu mal podia esperar para vê-los.

Uma noite, no final de setembro, peguei-a na creche e a professora me disse, cheia de alegria:

– Kaarina deu alguns passinhos hoje.

– Deu? – perguntei, sentindo um misto de alegria e tristeza. Ela ficava na creche o dia inteiro, portanto era mais lógico que começasse a andar enquanto estivesse lá. Eu sabia disso, mas imaginei que não iriam me contar sobre esses primeiros passos, permitindo que eu me agarrasse à ilusão de que o primeiro passo testemunhado por mim fosse realmente o primeiro de minha filha, mesmo que, na verdade, fosse o centésimo primeiro.

Levei-a até o carro, coloquei-a na cadeirinha, beijei-a na testa e sussurrei:

– Estou muito orgulhosa de você.

Eu queria estar feliz, mas estava decepcionada. Queria ter visto aqueles passos. Eu estava presente quando ela se virou pela primeira vez. Dei a ela o primeiro alimento sólido. Vi quando ela aprendeu a engatinhar. Ouvi suas primeiras palavras. Eu queria ter presenciado seus primeiros passos.

Fomos até a loja de Mark.

Entrei na loja, disse um olá coletivo aos clientes, agachei-me e coloquei Kaarina em pé, como Mark fizera tantas vezes antes. Segurei-a até que estivesse firme e soltei. Afastei-me um pouco e abri os braços, esperando que ela andasse na minha direção. Ela deu um passo, depois caiu e engatinhou o resto do percurso. Será que esse passinho valeu?

– Você viu? Você viu? – perguntei a Mark.

Concentrado em arrumar o estoque, ele não disse nada. Pensei que nos tivesse visto quando a coloquei no chão, mas talvez ele não tivesse percebido a nossa presença. Quando ele se aproximou, falei suavemente:

– Ela deu uns passinhos hoje.

Um cliente me parabenizou. Outro disse "Que gracinha!". Mark não disse nada. Tentei mais uma vez:

– Ela deu uns passinhos hoje.

– Eu já ouvi – ele disse e saiu.

Varias pessoas desviaram o olhar, disfarçando. Esperei mais alguns minutos, tentando não chamar muita atenção e então virei as costas e fui embora sem dizer mais nada.

Dirigindo de volta para casa, eu planejava me mudar definitivamente para Delaware e comprar uma casa perto dos meus pais. Alguma parte de mim devia estar ferida, mas a raiva falava mais alto. Eu não precisava de Mark. Poderia muito bem viver sem ele. Era melhor virar mãe solteira do que ser casada com um homem que não me amava. Na verdade, eu já era praticamente uma mãe solteira mesmo. Eu sustentava a casa e era responsável por 90% dos cuidados com Kaarina. Que diferença fariam mais 10%? Se consegui chegar até aquele ponto, poderia continuar fazendo tudo sem ele.

Quando estacionei na garagem, fui tomada por uma calma profunda. Tirei Kaarina do carro, levei-a para dentro e fiz um jantar suficiente apenas para mim.

Por volta das oito da noite, ouvi o carro dele se aproximando.

Depois, o som da televisão. Em seguida, o barulho dele se sentando na poltrona. Ele gritou algo. Fiquei em silêncio. Não tinha nada a dizer. Se começasse a falar, iria chorar. Eu queria ter uma tesoura para cortá-lo da minha vida. Não queria me dar o trabalho de discutir tudo aquilo com ele. Eu só queria ficar sozinha. Ele gritou novamente. Depois de um tempo, ouvi os seus passos subindo a escada. A porta se abriu. Seus olhos estavam frios como pedra. Os lábios pressionados formavam uma linha reta. O rosto não tinha expressão.

– Por que você não me respondeu? – ele perguntou.

– Porque estou com raiva e não tenho nada para conversar com você neste momento.

– Raiva por quê?

– Por causa da maneira como você me tratou na loja. Você me ignorou.

– Eu a ignorei?

– Você sabe que sim.

– Não tenho ideia do que você está falando.

– Eu contei que Kaarina deu os primeiros passinhos.

– Eu sei, eu ouvi.

– Mas não respondeu.

– *PORQUE* eu estava *OCUPADO*.

– Você estava ocupado demais para falar comigo? Estava ocupado demais para me dizer um oi e demonstrar, de alguma maneira, que notou a minha presença?

– Eu estava mesmo ocupado.

Eu não sabia mais o que dizer. Senti meu estômago se revirar.

– Nosso casamento foi por água abaixo – respondi.

– Como assim?

– Como assim? Nosso casamento acabou. Não existe mais amor entre nós.

– Claro que existe. Eu te amo.

– Não ama, não.

– Amo, sim.

– Então demonstre isso – afirmei, entre profundos soluços.

Mark sentou-se ao meu lado e colocou os braços ao meu redor.

– Eu tenho estado muito ocupado. Este ano tem sido muito difícil. Nos dois estamos cansados e estressados, mas nosso casamento não está acabado. Nós ainda nos amamos. Prometo que vou ajudar mais. As coisas vão melhorar. O que posso fazer para ajudar?

– Passe mais tempo em casa – respondi, em prantos. – Fique mais com a gente.

– Você e Kaarina são as pessoas mais importantes da minha vida.

– Não somos, não. A sua loja é mais importante. Sua bicicleta é mais importante. Seus amigos e sua vida social são mais importantes. Estamos no final da sua lista de prioridades.

– Isso não é verdade – disse ele. – Vocês estão no topo da minha lista.

Durante alguns meses ele realmente nos colocou quase no topo da lista. Quando Kaarina ficou doente, ele se ofereceu para ficar em casa umas duas horas e cuidar dela para que eu pudesse trabalhar. Quando eu ficava cansada demais, ele dizia para eu ir para a cama mais cedo, prometendo que a colocaria para dormir.

Por algum tempo acreditei que as coisas fossem voltar a dar certo entre nós. Cheguei a comentar com duas amigas que estivera a ponto de deixar Mark, mas que estávamos resolvendo nossos problemas e que nosso relacionamento estava muito melhor.

> Quando você quiser que seu marido faça algo, seja bem específica. "Quero ser sua prioridade" não é muito específico. "Volte para casa todos os dias às seis horas e fique acordado à noite com o bebê" – isso é ser específico.

A fase boa durou cerca de seis meses. Então, pouco a pouco, Mark foi voltando a ser o que era. Ele começou a ficar até tarde conversando com os amigos na loja e sempre perguntava se podia ir andar de bicicleta nos momentos mais inoportunos. Por exemplo, Kaarina e eu estávamos passando mal e ele me aparecia vestindo o equipamento de ciclismo e dizia: "Estou saindo para pedalar, o.k.?"

Ah, a bicicleta. Comecei a odiá-la. Para mim, ela era como a outra mulher na vida dele. A loja era sua filha bastarda. Seus maiores amores eram minhas piores inimigas. Eu detestava ter que fazer o papel da consciência dele. Queria que Mark compreendesse que eu precisava da ajuda dele sem que me visse obrigada a pedir.

Comecei a sentir que não havia mesmo mais nada entre nós e, à medida que esse sentimento crescia, comecei a fantasiar minha vida sem ele. Acontecia espontaneamente. Enquanto passeava com o cachorro, ficava imaginando como dividiríamos a poupança e os móveis. No carro, dirigindo até o mercado, planejava me mudar para Delaware. Estava correndo e me via sonhando com a morte dele.

Alguns meses depois do segundo aniversário de Kaarina, Mark voltou do trabalho e me encontrou sentada na varanda.

– Como vão as coisas? – ele perguntou, imaginando que eu diria "Tudo bem". Mas não foi o que eu disse.

– Estou profundamente infeliz.

– Qual é o problema? – ele indagou.

– Mark, eu estou muito infeliz.

– Você está para ficar menstruada?

– Não, Mark, isso não é um problema hormonal. Estou infeliz todos os dias. O dia do mês não faz a menor diferença.

– Você só está cansada.

– Com certeza, estou mesmo cansada, mas também estou infeliz – respondi. – Estamos sempre tendo essa mesma discussão. As coisas melhoram por algum tempo e depois voltam para um estado de total infelicidade.

Comecei a chorar. Com a voz tranquila, ele disse:
– Você precisa ter vida própria.
– O quê?
– Você precisa ter vida própria. Você não pode depender de mim para ser feliz.
– Como é que eu posso ter vida própria se preciso trabalhar para ganhar o dinheiro que paga nossas contas e se sou a única que está em casa para ser pai e mãe de Kaarina? Como é que eu vou sair? Você quer que eu simplesmente a deixe aqui sozinha?
– Eu posso ficar com ela.
– Mas você nunca fica.
– Porque você nunca me pede – ele rebateu.
– Você está sempre ocupado ou nunca está aqui para que eu possa pedir alguma coisa.
– Que tal você escolher uma noite na semana para ser só sua? Assim, você saberá que sempre terá um tempo para descansar, sem precisar pedir.
– Acho que vou fazer isso – respondi.
Diferentemente de nossas outras discussões do tipo "nosso casamento está com problemas", essa não teve um abraço no final. Não acabou com algo parecido com um "sim, você tem razão, nós ainda nos amamos e podemos consertar as coisas". Terminou com a mesma frieza com que começou.
Desisti da ideia de salvar meu casamento e, em vez disso, comecei a planejar o seu provável fim.
Mas prometi a mim mesma que tentaria me acalmar e cuidaria da minha saúde antes de abandoná-lo. Oh, e sim, é claro, escolhi uma noite, como ele havia proposto. Por que não? Matriculei-me em uma aula de meditação, ia a reuniões do clube do livro uma vez por mês e corria com uma amiga regularmente.

Como você deve imaginar, a Noite de Folga da Mamãe não resolveu nossos problemas. De uma maneira estranha e cruel, ela fez tudo piorar. Ao criar uma vida fora da maternidade, tornei-me uma pessoa mais forte, mais independente, mais confiante e menos carente. Tudo muito positivo, certo? Não necessariamente. Agora eu tinha muito menos medo do divórcio. Ao contrário, ansiava por ele. Em vez de ter uma noite por semana para cuidar de mim mesma, eu teria duas, já que Mark provavelmente concordaria com a guarda compartilhada e ficaria com Kaarina duas vezes por semana e um fim de semana a cada 15 dias.

A Noite de Folga da Mamãe também nos deu mais um motivo para brigar, já que Mark tentava, repetidamente, roubá-la de mim. Quando eu estava me arrumando para ir à aula de meditação ele dizia:

– Eu me esqueci de dizer, vou pedalar com meus amigos esta noite. Não tenho como cancelar. Sinto muito, mas você vai ter que perder a sua aula.

Você quer saber qual era a minha resposta? Eu dizia algumas palavras que meu editor pediu para não publicar aqui, pegava o carro e saía, deixando-o sozinho para descobrir o que fazer em relação ao compromisso que havia marcado na minha noite.

Naturalmente, brigávamos a respeito da minha noite como se fosse um assunto de vida ou morte.

E, com o passar do tempo, estávamos discutindo por tudo.

Por exemplo, quando Kaarina tinha cerca de 2 anos e meio, fomos ao mercado fazer compras. Estávamos no corredor de cereais, quando ela saiu correndo. Corri atrás dela, diminuí o passo para segurá-la, mas ela saiu correndo outra vez. Ela parou na frente das prateleiras de molhos para macarrão.

– Olha só, mamãe! – Ela estava segurando um vidro de molho de tomate.

– Querida, por que você não dá isso para a mamãe?

– Não! Eu quero isso!

– Que legal, filhinha. Posso dar uma olhada?

Ela segurou o vidro contra o peito.

– Não!

– Kaarina, vou contar até cinco. Se eu chegar ao cinco e você não tiver me dado o molho, vou pegar você no colo e não vou colocá-la no chão outra vez. Um, dois, três...

– Toma, mamãe. – Ela me entregou o molho. Quando eu o coloquei de volta na prateleira, Kaarina já estava no final do corredor e a perseguição recomeçou.

Finalmente, consegui agarrá-la, colocá-la debaixo do braço como se fosse uma bola de futebol, e fui até Mark, que estava andando de um lado para outro no setor de congelados. Ele estava de cara amarrada.

– O que foi? – perguntei.

Lentamente, com aquela frieza que lhe era peculiar, um poderoso revirar de olhos e um pigarreio um tanto alto demais, ele disse:

– Enquanto *VOCÊS* duas estão se divertindo, *EU* estou aqui tentando decidir o que comprar.

– Não fale assim comigo – avisei.

Fizemos o resto das compras em silêncio. Joguei alguns produtos dentro do carrinho enquanto disparava mentalmente insultos e palavrões. *Eu estava me divertindo? Ele pensou que eu estava me divertindo? Onde, exatamente? No corredor de molhos? Por que sou eu que tenho que fazer tudo sempre? Por que preciso correr atrás da criança, brigar com ela e colocar as compras no carrinho, enquanto ele não faz nada? É isso o que ele quer? Não fazer nada enquanto eu faço tudo? Porque, se for isso o que ele quer, não preciso dele para nada mesmo.*

Voltamos para casa também em silêncio. Arrumei Kaarina para colocá-la na cama. Sentei-me na beira do colchão. Segurei a mãozinha dela e pensei: "Agora eu entendo por que algumas pessoas matam seus cônjuges."

E assim, sem mais nem menos, a salvação me veio à mente. "Isso daria um ótimo livro", pensei. "Eu poderia escrever um romance sobre os motivos que levam uma pessoa que sempre foi tão boa (eu) a fazer algo tão terrível (matar o marido)."

Assim que Kaarina adormeceu, fui para o escritório, liguei o computador e comecei a escrever. O texto fluía com facilidade. O único som que se ouvia era o tap tap tap do teclado e das palavras em minha cabeça.

Eu não queria ter escondido isso dos meus filhos durante todos esses anos. Devia ter contado a eles. Pelo menos, acho que deveria. Por toda a minha vida, acreditei que a diferença entre o certo e o errado fosse clara como a diferença entre o preto e o branco. Pensei que eu sempre saberia distingui-los.

Foi somente depois que conheci Lionel que o certo começou a se fundir ao errado e o preto e o branco se misturaram, formando um tom de cinza. Eu gostaria de pensar que tomei a decisão certa naquele dia. Gostaria de saber se meus filhos concordariam. Gostaria de saber o que você vai achar. Mas antes que você faça qualquer julgamento, gostaria de lhe contar a história completa. Por favor, ouça-a antes de me chamar de pecadora. Apenas ouça, com a mente aberta. É só o que lhe peço.

A maioria das pessoas provavelmente pensa que faz a coisa certa quase sempre. Achamos que as pessoas más fazem maldades o dia inteiro. Esses são os assassinos em série, os bandidos e os estupradores. Analisando o meu passado e pensando no que aconteceu, fico imaginando se não somos um pouco assim. Pergunto a mim mesma se não há, dentro de cada um de nós, um pecador e um santo.

Pela primeira vez, depois de um longo tempo, eu me sentia feliz. Cada dia eu escrevia mais um pouquinho. O romance me acalmava. Era um refúgio. Sempre que eu trabalhava nele, ficava tão envolvida que me esquecia de minha infelicidade pessoal.

No entanto, quando não estava trabalhando no romance, eu continuava extremamente infeliz com a minha vida. Sentia-me presa – ao casamento, à maternidade e até à minha própria casa. A casa realmente parecia uma prisão, acho que era porque eu passava tempo demais lá dentro, com uma criança grudenta e chorona, cujo nariz parecia estar sempre escorrendo. Eu tinha mais tempo do que qualquer outra mãe precisaria para ficar obcecada pelo tamanho dos quartos, pelos defeitos da planta da casa, pela falta de um quintal e pelos insetos. Ah, os insetos. Era como se, a cada mês, uma nova espécie resolvesse invadir meu lar. Algumas vezes eu encontrava uma parede cheia de joaninhas ou um chão coberto de formigas. Quando não eram mosquitos, eram ratos. Quando não eram ratos, eram percevejos.

Ah, se eu encontrasse uma casa, com quintal e um balanço, que tivesse sido recentemente dedetizada... Eu estava convencida de que isso resolveria quase todos os meus problemas.

Preciso dar uma explicação sobre isso antes que você comece a questionar minha sanidade. Por que eu compraria uma casa quando meu casamento estava obviamente naufragando? Esse passo não tornaria mais difícil colocar um ponto final na relação? Bem, depende do ponto de vista. Eu não achava que comprar uma casa mais cara me prendesse ao Mark. Na verdade, era exatamente o contrário. Eu via essa opção como uma rota de fuga.

Nas minhas fantasias sobre o divórcio, daríamos entrada na compra de uma casa nova. Continuaríamos na casa antiga até nos mudarmos. Mark e eu teríamos uma briga feia. Eu o mandaria embora. Ele voltaria para a casa velha infestada de insetos e depois teria que comprar de mim a metade dela. Dividiríamos nossos investimentos e a custódia de Kaarina. Minha família, principalmente minha mãe, voltaria a me visitar.

Tudo parecia fazer o maior sentido.

E assim, em um dia qualquer de fevereiro, um corretor nos levou a uma série de casas. Cada uma possuía um defeito do tipo "nem morta eu moraria aqui". Uma não tinha quintal. Outra não tinha garagem. Uma terceira ficava em frente a uma fábrica de bolinhas de *paintball*. Haveria uma casa dentro do nosso (meu) orçamento que fosse a ideal? Ou será que eu teria de me contentar com uma Casa Menos que Perfeita, da mesma maneira que me contentava com um Casamento Menos que Perfeito?

Não, eu não me contentaria.

Quase no fim do dia, entramos na última casa da lista. Vi uma casa de 120m², com terraço, chão de tábuas de madeira de lei e escritório com painéis de imbuia. Era um presente dos céus.

Fechamos o negócio um mês depois. Pensamos em colocar nossa antiga casa à venda em poucas semanas. Isso, imaginei, me daria um mês inteiro para decidir se eu queria continuar casada ou não.

Entretanto, dois dias depois, um dos clientes de Mark pediu para ver a nossa antiga casa. Ele imediatamente fez uma oferta. E nós aceitamos. Minha fantasia de divórcio evaporou.

———

Quando nos mudamos, passamos a discutir por qualquer bobagem. Ele queria a bancada do banheiro totalmente livre; eu não. Ele achava que eu não lavava as roupas direito; eu não gostava da maneira como ele as dobrava. Eu o acusava de encolher meus casacos; ele dizia que eu deveria me sentir grata porque ele os lavava.

Quando não estávamos brigando, não tínhamos nada para conversar. Saíamos para jantar e ficávamos olhando fixamente para o prato de comida, o silêncio entre nós mais denso do que a sopa de abóbora à nossa frente. Passei a odiar quando ele estava em casa. Os olhos dele eram sempre frios e sua mandíbula, tensa. Imaginei que ele guardava rancor de mim por causa de Kaarina. Parecia que, ao convencê-lo a se tornar pai, eu havia estragado a vida dele.

Ao mesmo tempo, eu estava finalmente me sentindo menos cansada depois dos primeiros anos exaustivos da maternidade. Minha carreira ia muito bem. Estava me exercitando e ficando em forma. Eu me sentia sexy. Percebia que os homens olhavam para mim. Ficava pensando que minha alma gêmea, meu par perfeito, estava me esperando em algum lugar. Mark tinha sido um erro. Eu havia me casado com ele só porque ele apareceu na hora certa. Não tínhamos nada em comum.

Quando me encontrei com minha amiga Deb em Nova York, minha história sobre a mulher boazinha que acabava matando o marido já tinha 15.000 palavras. Depois que ela me fez prometer que eu iria trabalhar para salvar meu casamento, como contei no começo deste livro, falei para ela sobre o romance que eu estava escrevendo.

– Sabe, um dia eu estava com tanta raiva de Mark que decidi escrever um romance sobre como gostaria de matá-lo.

– Uau! Você está escrevendo um livro! Isso é ótimo! Conte-me os detalhes.

– É sobre uma moça ingênua que fica grávida de um jogador, casa-se com ele e acaba se sentindo presa a um casamento horroroso. Ela não quer se divorciar. Ainda não sei muito bem por quê. Preciso descobrir por que o divórcio não era uma opção para ela. De qualquer maneira, ela decide matá-lo.

– Como ela o mata?

– Não sei. Estou empacada nessa parte porque quero que ela consiga cometer o crime e se safar. Quem sabe usando veneno?

– Não, isso seria clichê. Vamos ver... Que tal se ele tiver diabetes e ela lhe der uma overdose de insulina?

– Alguém pode morrer de overdose de insulina?

– É claro que pode. E seria impossível descobrir.

Enquanto caminhávamos de volta ao hotel, minha mente estava lotada de pensamentos sobre como Grace mataria Lionel e sobre como eu poderia desfazer tudo o que estava errado em meu casamento.

CAPÍTULO 5

Então ela deu início a um projeto

Maio – junho de 2007

> *"Todos os casamentos são erros que passamos muito tempo reparando."*
> — Salvador Minuchin

Prometi a Deb que tentaria de tudo para salvar meu casamento, mas só o que fiz foi dar um ultimato ao meu marido. Isso continuou por cerca de duas semanas.

Então, no início de uma noite qualquer, Mark e eu tivemos uma briga sobre ele ter ou não se atrasado para buscar Kaarina na creche. Eu achava que ele havia se atrasado. Ele achava que chegara lá com tempo de sobra.

Esse tipo de briga pode lhe parecer simples. Você deve achar que é o tipo de discussão que acaba tão depressa quanto começa e é deletada depois de uma boa noite de sono. Mas, para mim, era tudo, menos simples e fácil de esquecer. Era um sinal de que nossa relação não tinha mais jeito.

Sentindo-me vazia, incompreendida e completamente só, sentei na varanda em meio à escuridão da noite. "Por que eu tinha que comentar com Deb sobre meu casamento?", pensei. "Agora, vou ter que mandar e-mails para ela contando como está indo a terapia de casais."

Mas, é claro, ela não receberia e-mail algum. Mark e eu não tínhamos planos de procurar ajuda. Mais importante ainda, *eu* não planejava procurar ajuda. Não tinha essa vontade porque não via aonde isso poderia levar. Estávamos obviamente destinados ao divórcio. Por que prolongar o inevitável?

Como poderia continuar casada com um homem como Mark? Como?

Alguns minutos se passaram. Meia hora se passou. Uma hora se passou. Enquanto eu ouvia o canto dos grilos, as palavras de Deb ecoavam na minha cabeça: *Você já tentou de tudo? Você já tentou de tudo? Você já tentou de tudo?*

Será que eu devia a ela pelo menos uma tentativa? Devia isso à minha filha? Devia isso a mim mesma?

Droga.

Levantei-me da cadeira e entrei em casa. Abri a internet e digitei "vida conjugal" no campo de buscas de livros do site da Amazon.

Encomendei dois livros de John Gottman, que dirigia o chamado "Laboratório do Amor" na Universidade de Washington. Encomendei um livro de John e Linda Friel, marido e mulher que trabalham com aconselhamento conjugal. Há algum tempo eu havia participado de uma palestra do Dr. David Schnarch, por isso também coloquei um de seus livros no carrinho de compras. E comprei também um livro de uma doutora em educação, cujo nome não poderia ser mais adequado: Patricia Love.

Então refleti sobre o assunto. Deveríamos procurar ajuda? Seria mesmo necessário? Não poderíamos apenas ler alguns livros e resolver a questão?

Nunca fui fã de terapias de casais por várias razões. Uma delas é que, quando eu era adolescente, assisti a meus pais passarem por esse processo. Eles participaram de retiros de fins de semana, sessões individuais e em conjunto. Cresci com eles falando sobre "descobrir seu eu", "melhorar a comunicação" e escrever diários. Eles costumavam discutir os méritos da psicoterapia, da terapia feminista e da terapia cognitiva.

E brigavam. Durante o verão, eu me sentava na calçada, principalmente nos dias em que as janelas estavam abertas, e ficava ouvindo minha mãe berrar com meu pai. A que distância o som poderia viajar? Será que chegaria até a casa dos vizinhos? Será que minha melhor amiga, que morava do outro lado da rua, duas casas abaixo, conseguiria ouvir o barraco?

Meus pais acabaram resolvendo seus problemas. Um dia, mamãe abraçou papai e decidiu voltar para a cama de casal. Na época, fiquei aliviada e agradecida, mas não acho que tenha sido mérito da terapia. Será que o aconselhamento dá mesmo resultado? Será que ajudou meus pais de alguma maneira? O casamento deles só melhorou quando minha mãe parou de querer mudá-lo e tentar fazer dele um sujeito extrovertido, falante e carismático, e aceitou-o como ele era, um homem calado, um quase monossilábico Pai de Família que Conserta Tudo. A reconciliação deles me deu esperanças sobre o meu próprio casamento, mas não me convenceu de que a terapia pudesse ser a solução.

Minha relutância também vinha das lembranças que eu tinha das nossas sessões de aconselhamento pré-nupcial. Naquela época, Mark ficava fazendo piadas o tempo todo. Quando a psicóloga perguntou qual era a nossa maior diferença, ele respondeu: "A altura." (Ele é 23 centímetros mais alto do que eu.)

Se meu pai era calado, Mark era mudo.

Toda vez que eu pensava em marcar uma consulta, já imaginava nossa conversa com o terapeuta:

– O que há de errado com o casamento de vocês? – ele perguntaria.

– Nada – responderia Mark.

– Por que vocês vieram aqui?

– Minha mulher me obrigou.

– Isso o incomoda?

– Não. Ela não está feliz. Quero que ela fique feliz.

– Por que você acha que estão tendo problemas conjugais?

– Sei lá. Pergunte à minha mulher. Ela é que está com problemas.

Mark nunca revelava seus sentimentos. Aliás, ele tinha sentimentos? Para você ter uma ideia, só o vi com medo uma única vez, na noite anterior à retirada de uma verruga de aparência suspeita. Nunca o vi triste, deprimido, agitado ou zangado.

Como eu conseguiria levá-lo a um terapeuta? Ele... não... fala. Se eu o deixasse sozinho no meio de uma ilha deserta e fosse buscá-lo um mês depois, eu perguntaria "Como foi?", só para tentar iniciar uma conversa, e, mesmo ficando tanto tempo sem falar com ninguém, ele seria monossilábico em sua resposta e diria: "Bem."

Talvez um bom profissional fosse capaz de dissuadi-lo a falar sobre nossos problemas e os sentimentos dele. Entretanto, eu temia que precisássemos visitar quatro ou cinco terapeutas medíocres até acharmos o Perito em Casamentos, e, assim, desistirmos do aconselhamento e da nossa relação antes mesmo de tentar.

Lembrei-me de quando tinha vinte e poucos anos e sofria de baixa autoestima e depressão. Na época, mergulhei na autoajuda de tal forma que acabei fazendo carreira escrevendo livros desse tipo. Eu usava livros de autoajuda para resolver todos os problemas que me apareciam: Usei-os para adestrar Rhodes. Usei-os para conseguir engravidar. Usei-os para resolver problemas de amamentação. Usei-os para fazer Kaarina dormir a noite toda. Usei-os incontáveis vezes.

Poderia a autoajuda salvar meu casamento? A ideia de encontrar nos livros o caminho para melhorar meu relacionamento parecia menos intimidadora do que pedir ajuda a um estranho.

Os livros seriam suficientes para nos ajudar? Talvez, por meio deles, eu aprendesse tanto que poderia virar a nossa própria Perita em Casamentos.

Sim, isso me parecia possível. Eu acreditava nessa perspectiva tanto quanto acreditava que deveria mudar meu comportamento por causa do meu horóscopo diário. (Só para ter certeza de que você entendeu a minha analogia, ela quer dizer que eu não levava muita fé naquela possibilidade.)

Daquele começo nada otimista, parti para a criação de um

plano com o objetivo de aprimorar nossa relação. Prioridade máxima: perdão. Eu estava magoada com os acontecimentos do passado e havia coberto minhas feridas com adesivos tão grossos que mal conseguia sentir qualquer emoção, fosse boa ou ruim. Prioridade seguinte: o renascimento da nossa vida sexual. Estávamos em meio a uma estiagem de seis meses. Próxima prioridade: romance. Quando eu fantasiava sobre outros homens, não pensava em sexo. Pensava apenas em romance – em ouvir que era amada, em receber carinho. Que droga, eu fantasiava sobre andar de mãos dadas. Será que meu marido seria capaz de fazer com que eu me apaixonasse outra vez? Isso seria possível?

Mais um ponto: comunicação. Parecíamos incapazes de falar até sobre coisas banais, como não ter mais pasta de dente ou palitos em casa. Nosso nível de intimidade emocional era tão baixo que eu chegava a evitar o contato visual.

Decidi trabalhar o perdão, o sexo, o romance, a comunicação e a intimidade. Quando tivéssemos progredido numa área, passaríamos para a seguinte.

E assim encarnei meu papel de escritora autônoma e decidi estabelecer prazos. Temia que, sem eles, nunca começássemos a agir. Diríamos que estávamos trabalhando o nosso relacionamento, mas os livros acabariam ficando empilhados, sem nunca serem abertos e lidos. Nosso casamento voltaria a ser aquele chão de cimento de tantos anos atrás. Sem um prazo, nunca espalharíamos a argamassa nem colocaríamos o piso da nossa relação.

Estabeleci duas datas. Uma delas, 25 de julho, era dali a dois meses. Naquele dia, meu marido planejava ir a Nova York participar de um evento de ciclismo. Decidi que iria com ele e que pediria a meus pais que tomassem conta de Kaarina. Mark e eu não passávamos uma noite sozinhos há dois anos e meio. Nós provavelmente precisaríamos de uma semana, mas eu estava disposta a aceitar apenas uma noite. Dormir fora de casa nos permitiria focar a atenção somente um no outro. Também serviria como um renascimento simbólico da nossa vida sexual. E, o mais importante, nos daria uma data para marcar no calendário, o que nos motivaria a ler os tais livros de autoajuda e a colocar em prática os conselhos que eles traziam.

O segundo prazo seria quatro meses depois. Faríamos uma pausa para analisar nosso progresso. Se houvesse algum – qualquer um –, eu continuaria tentando salvar nosso casamento. Se nada tivesse melhorado, ou se Mark não demonstrasse empenho, a possibilidade do divórcio voltaria à tona.

> Durante um certo período de tempo, dê ao seu casamento cada milímetro da sua atenção. Tente de tudo. Se perceber alguma melhora, continue tentando. Caso contrário, considere pedir o divórcio.

CAPÍTULO 6

Para perdoá-lo

Junho de 2007

"*Na Bíblia está escrito que perguntaram a Jesus quantas vezes devemos perdoar e ele respondeu 70 vezes 7. Bem, quero que todos saibam que estou mantendo a contagem.*"

— Hillary Clinton

Comecei pelo livro *The 7 Best Things (Happy) Couples Do* (As 7 melhores coisas que os casais felizes fazem), de John e Linda Friel, não exatamente por ele tratar do perdão, mas por ter sido o primeiro que a Amazon entregou. Folheei-o sem procurar nada em particular a não ser, quem sabe, um capítulo chamado "Alisa, aqui está a solução para todos os seus problemas". Não achei esse capítulo, mas encontrei outro, com o título "Nós sempre procuramos um parceiro que seja o nosso semelhante emocional".

"Ah, claro", pensei, convencida de que seria capaz de refutar tudo o que os autores tivessem a dizer. "John e Linda, esta aqui é uma mulher que certamente não se casou com um semelhante emocional. Ela se casou com um idiota emocional."

John e Linda argumentaram: "Muitas pessoas acreditam que seu companheiro de muitos anos é significativamente mais desequilibrado do que elas mesmas."

"No meu caso, ele é mesmo", pensei.

John e Linda propuseram que eu perguntasse a mim mesma: "Como eu contribuí para o fracasso do nosso casamento?"

Eu? *EU*?

Pensei: "Vejam bem, John e Linda, vocês estão entendendo

tudo errado. Nosso casamento fracassou por causa *DELE*. A culpa não é *MINHA*. *Ele* é que não abriu espaço no armário quando eu me mudei. *Ele* é que me deixou sozinha com uma criança recém-nascida. *Ele* é que me abandonou. Não tenho culpa de nada. Sou apenas uma mulher que trabalha muito e que, por algum motivo, acabou se casando com o maior preguiçoso do mundo!"

"Casais emocionalmente incompatíveis não sobrevivem ao namoro", afirmaram John e Linda.

Hesitante, perguntei a mim mesma: "Será que eles sabem mesmo do que estão falando? Será que eu fiz alguma coisa, talvez bem pequenina, para contribuir para o fracasso do meu casamento?"

John e Linda escreveram sobre pessoas excessivamente independentes e pessoas excessivamente dependentes. Segundo eles, os dois tipos são igualmente problemáticos.

Pensei: "Qual é o problema com a independência?"

Pensei: "Eu sou independente."

Pensei: "Mark é independente."

Meus imaginários John e Linda começaram a sorrir, seus olhos brilhando de compreensão, enquanto eu refletia: "Mark e eu não temos nenhuma ligação. Nós dois somos muito independentes."

Pensei nos motivos que me estimularam a valorizar tanto a independência. Isso me levou até minha mãe. Ela era tão infeliz no casamento e com a própria vida que passou um ano dormindo no porão, já que não ganhava o suficiente para pagar o aluguel nem de um minúsculo apartamento. Não podia passar um fim de semana sozinha sem sofrer um ataque de pânico. Sonhava com uma vida sem papai, mas continuou morando com ele porque era carente demais para ir embora.

Eu tinha raiva da minha mãe por querer abandonar meu pai, mas também tinha pena dela por não ter coragem de fazê-lo. Para evitar me tornar tão covarde quanto ela, pedi a meu pai que me ensinasse a trocar um pneu e o óleo do carro, como achar uma viga na parede e como martelar um prego. Ele me ensinou a dirigir. Ele me ensinou a administrar meu dinheiro e a fazer investimentos. E me ensinou a ler mapas.

Quando conheci Mark, valorizei sua independência. Ele não queria me colocar numa redoma. Fazíamos coisas juntos e também fazíamos coisas separados. Mark sempre foi um pouco mais independente do que eu. Ele passava mais tempo com sua bicicleta do que eu com minhas corridas, leitura, serviços voluntários ou trabalho. O problema é que isso só funcionou até a configuração do nosso relacionamento mudar. Só deu certo até ele perder o emprego e depender financeiramente de mim. Só deu certo até termos um bebê e eu depender emocional e fisicamente dele.

Eu queria continuar a ser independente, mas não conseguia. Não depois de me tornar mãe.

Eu precisava da ajuda dele. E odiava admitir isso.

"Se eu vou ter que depender dele", pensei, "quero que ele saiba disso sem que eu precise dizer. Pronunciar essas palavras vai fazer com que eu me sinta vulnerável. Quero que ele leia a minha mente, que ele me ajude sem que eu peça ajuda."

Eu quase podia enxergar John e Linda balançando a cabeça, esperando que eu recuperasse o juízo. "Esta bem, já entendi", concordei. "Ele não pode ler a minha mente. Eu sei disso, mas ainda assim quero que ele o faça! Droga, vocês têm razão! Parem de esfregar isso na minha cara! Preciso aprender a me sentir à vontade com minha dependência. Preciso aprender a ser vulnerável. Preciso aprender a pedir o que preciso sem me sentir culpada."

"Quando eu estiver exausta e ele me perguntar se pode ir andar de bicicleta com os amigos, preciso aprender a dizer 'Não' e não recuar. Quando não conseguir passar o sábado inteiro sozinha com Kaarina, preciso aprender a ligar para a loja e pedir que ele volte para casa. Se ele disser que está ocupado, terei que dizer: 'Problema seu. Venha agora!' O.k., John e Linda, entendi. Não sou apenas parte do problema. Eu sou o problema. Não estou feliz e a única pessoa que pode me fazer feliz sou eu mesma."

Na verdade, John e Linda não precisaram falar quase nada. Foi a sessão de terapia mais fácil que já fizeram.

———

Eu queria perdoar e tentei fazê-lo inúmeras vezes. Depois da séria briga perto do primeiro aniversário de Kaarina, eu tentei. Depois da séria briga perto dos dois anos de Kaarina, eu tentei. Depois de nossa discussão perto do Dia das Mães, eu tentei.

Não cheguei a lugar nenhum. Toda vez que Mark fazia alguma coisa que me irritava – revirar os olhos, deixar os pratos sujos na pia ou não voltar para casa na hora combinada –, eu me lembrava de cada minuto de indiferença que ele demonstrou nos 11 anos de relacionamento e me esquecia de todas as suas qualidades. Mergulhei em um estado de lembrança total, misturada com uma amnésia parcial. Transformei Mark em meu Finado Marido Número 1, também conhecido como Homem Outrora Chamado de Marido de Alisa e também chamado de Sr. Ex.

Entrei no Google e digitei "perdão". A maioria das páginas discutia sobre grandes atos de perdão, como perdoar o marido por trair a mulher com frequência. Nenhuma tratava de perdoar o marido por ser um mentecapto insensível.

Acabei descobrindo um site que descrevia o processo do perdão. Eu o imprimi e li. Aprendi que perdoar requer mais do que apenas força de vontade. Primeiro, eu teria que enfrentar a dor, a raiva e a decepção. Em seguida, teria que relatar esses sentimentos ao Mark, que deveria reconhecer que suas atitudes haviam sido responsáveis pelo meu sofrimento. Era importante que eu ouvisse duas palavrinhas da boca de meu marido: "Me desculpe."

Fiz uma lista de todas as lembranças que me traziam sentimentos negativos. Escrevi "o incidente do armário", "a bicicleta", "a loja". Senti a mesma raiva outra vez. Revivi toda a dor. Quando terminei a lista, ela ocupava uma folha de papel inteira.

Mark estava assistindo ao Tour de France na televisão, acompanhando os bastidores da corrida pela cobertura ao vivo de um site na internet. Fiz duas perguntas. Ele não respondeu. Desisti e fui ao banheiro escovar os dentes e lavar o rosto.

Já me sentindo derrotada, desisti do Projeto e transformei-o definitivamente no Sr. Ex.

Mas John e Linda ainda estavam ali, sussurrando no meu ouvido, me cutucando, me mostrando que eu estava repetindo velhos hábitos. Estavam dizendo que eu devia me esforçar mais. Eu estava a ponto de mandá-los calar a boca quando Mark entrou no banheiro. Eu tinha toda a atenção de que precisava.

– Preciso falar com você. Podemos conversar no terraço? Você acha que vai conseguir prestar atenção?

– Sim, claro.

Ele foi me encontrar no terraço.

– Quando estou muito irritada com você, não fico com raiva só do que você fez naquela hora. Fico com raiva das mil coisas que você fez desde o dia em que nos conhecemos. E bloqueio da memória todas as coisas boas que você fez nos últimos dez anos.

Ele riu, como se aquilo fosse alguma piada.

– Preciso deixar o passado para trás, por isso eu fiz algumas pesquisas hoje – expliquei, balançando os papéis impressos na frente dele. – Para me livrar do ressentimento, você precisa fazer uma coisa para mim. Não tenho certeza de que vai funcionar, mas quero tentar. Pode parecer bobagem, mas gostaria que você colaborasse. Vou listar tudo o que me aborrece e quero que você me peça desculpas.

– *É claro* – ele respondeu. Decidi ignorar o sarcasmo.

– Você se arrepende de ter ido à festa da sua loja no dia em que cheguei do hospital com Kaarina?

– Sim, me arrependo. Devia ter ficado em casa com vocês.

– Você se arrepende de ter gasto todo o dinheiro da Nova Zelândia naquela sua viagem de esqui?

– Eu não gastei tudo. E a gente ainda podia ter ido para a Nova Zelândia.

– Gastou sim, e não, não poderíamos.

– O.k., me desculpe. Eu não devia ter feito isso.

– Você se arrepende de não ter aberto um espaço no armário para mim no dia em que eu me mudei para a sua casa?

– Eu não abri espaço no armário?

– Não, não abiu.

– Desculpe. Eu devia ter me preparado para receber você. Não sei por que não fiz isso.

Eu pensei que ele fosse começar a discutir comigo. Pensei que fosse tentar explicar o próprio comportamento. Pensei que ia me acusar de ser sensível demais.

– Você se arrepende de não querer fazer sexo comigo quando eu estava grávida porque estava me achando uma vaca gorda?

– Eu nunca achei que você estava uma vaca gorda!

– Você não queria transar comigo.

Ele ficou em silêncio.

– E aí? – insisti.

Silêncio.

– Se o motivo não era você me achar uma vaca gorda, qual era? Definitivamente, você não queria fazer sexo comigo.

– Era esquisito.

– Defina "esquisito".

– Você sabe, só esquisito.

Eu gostaria de ser uma mulher paciente. Mas não sou. Se eu vejo uma pessoa lutando para encontrar as palavras certas, não consigo esperá-la encontrar. Eu as entrego.

– Era esquisito porque havia um bebê na minha barriga? – perguntei.

– Isso mesmo – ele respondeu, com um sorriso de alívio.

Teria sido isso mesmo? Agora eu nunca mais teria certeza. Por que não pude esperar até que ele mesmo dissesse o motivo?

– Mas era seguro. Fazer sexo não teria machucado o bebê – expliquei.

– Como você sabe?

– Sabendo, ora. Você poderia ter perguntado ao obstetra.

– Desculpe por não querer transar quando você estava grávida. Terminei com uma pergunta que John e Linda provavelmente teriam considerado injusta. Eu o coloquei diante de uma situação que envolvia a palavra "nunca", mesmo sabendo que deveria ter usado "algumas vezes".

– Você se arrepende de nunca estar ao meu lado quando eu preciso de você?

– Eu não sabia que você precisava de mim.

Essa resposta me surpreendeu e me assustou. Eu quase matei nossa filha uma noite. Briguei com as pessoas que mais me amavam. Meu cabelo caía tanto que entupia o ralo do chuveiro toda vez que eu tomava banho – isso quando eu me lembrava de tomar banho.

Eu havia me desintegrado e me transformado numa pessoa irritada, infeliz, mentalmente comprometida e psicologicamente doente. E fiz isso diante dos olhos dele.

Mark me ouviu gritar com ele, com o cachorro, com o bebê e com o mundo. Ele viu minhas olheiras. Viu minha exaustão. Quando o telefone tocava, ele sabia que eu muitas vezes não atendia porque não tinha ânimo para ficar de pé. Ele me viu ter sobressaltos quando ouvia o mínimo ruído.

Não viu?

Como poderia não ter visto?

– Você se lembra daquele dia em que eu não consegui acender os faróis do carro?

– Lembro, mas imaginei que fosse apenas falta de sono. O que eu deveria ter feito?

– Eu precisava da sua ajuda. Precisava da sua presença, precisava que o pai de Kaarina fosse pai dela. Precisava de um marido.

Quando eu disse essas palavras, senti a raiva me abandonar. Senti a mágoa e a frustração irem embora.

– Desculpe. Vou me esforçar ao máximo para estar ao seu lado quando você precisar de mim – ele prometeu, cheio de ternura no olhar. – Tem mais alguma coisa?

– Não sei. Posso responder na próxima vez que ficar com raiva de você.

– Parece uma boa ideia.

Eu o beijei na testa.

> Faça uma lista de ressentimentos e
> compartilhe-a com seu parceiro.
> Conversem sobre essas antigas feridas e,
> então, permita que elas cicatrizem.

Tínhamos feito algum progresso, mas eu não tinha certeza de que seria o suficiente. Uma coisa era ele me pedir desculpas, outra era ele se tornar um marido melhor, um pai melhor e um homem melhor. Reconquistar minha confiança não seria tão simples assim.

Recorri a uma técnica de meditação que aprendi nas aulas de ioga. Sentei-me com as costas contra a parede, fechei os olhos e relaxei o corpo. Fiquei prestando atenção na minha respiração e nas sensações que sentia no peito. Meu coração parecia dolorido, como se alguém o estivesse apertando com as mãos. Imaginei se algum dia eu voltaria a me sentir normal.

Concentrei-me em uma pessoa de cada vez. Primeiro, pensei em mim mesma. Depois, me veio a imagem de Kaarina. Em seguida, a de uma amiga. Para cada rosto que visualizava, eu dizia: "Ofereço a você minha bondade. Desejo a você o melhor. Dedico a você o meu amor incondicional." Visualizei-me enviando uma energia branca e reconfortante a essas pessoas. Vi essa energia envolver cada uma delas.

Deixei Mark por último. Não consegui ver seu rosto. A imagem dele aparecia fragmentada. Enviei a ele meu amor incondicional. Envolvi-o em minha bondade. Desejei o melhor para ele.

Concentrei-me outra vez em meu coração. Já não estava tão apertado.

Naquela noite, quando fomos nos deitar, segurei a mão dele. Era grande e quente. Ao tocar sua mão, pude sentir nosso casamento sendo curado. Pude sentir a ligação entre nós se fortificando. "Talvez, só talvez, eu seja capaz de voltar a amar este homem", pensei.

Uma semana e meia depois viajamos para Cape May, em Nova Jersey, para passar três dias. Antes de partirmos, no domingo, Mark trabalhou na loja pela manhã. Antes de sair de casa, ele me pediu que procurasse o carregador de bateria da câmera digital.

Comecei pelo lugar que primeiro me veio à cabeça, uma gaveta da cozinha onde guardávamos itens variados, como pilhas, embalagens de plástico vazias, velas de aniversário, nossa crescente coleção de hidratantes labiais, telefones celulares antigos e bloquinhos de papel. Se eu tivesse colocado o carregador em algum lugar, teria sido ali.

Não estava lá.

Procurei no armário do corredor. Procurei em nosso quarto.

O último lugar onde o carregador poderia estar era exatamente aquele onde eu não tinha a menor vontade de mexer – o armário do porão. Aquele era o território de Mark. Era o armário dele. Era um espaço masculino como nenhum outro.

Procurar o carregador de bateria ali seria o mesmo que tentar achar uma criança perdida numa loja de departamentos no meio de uma liquidação. Abri a porta. Paletós, calças sociais, gravatas e suspensórios ainda não usados e uma coleção de acessórios para esquiar ou pedalar. Calçados de todos os tipos – botas de esqui, de motocicleta, tênis para pedalar, para correr, botas de escalar e pés de pato – estavam empilhados. Havia caixas, papéis, placas, capacetes, cordas para escaladas, caneleiras, armaduras, troféus, maletas e montes de fotografias em porta-retratos. À minha direita, vi uma sacola de plástico transparente. Dentro dela havia uma caixa onde se lia "Olympus".

O carregador!

Mas o que era aquilo ali no canto? Peguei. Era uma pilha de cartões que datavam do ano em que nos conhecemos.

MARK GUARDOU TODOS OS CARTÕES QUE EU ESCREVI PARA ELE?

Um dos cartões dizia: "Que lindo dia para um passeio de trenó..." Dentro, estava escrito: "Agora me corrija se estiver errada, mas acho que nunca transamos num trenó." Eu escrevi esse cartão? Eu? Eu me sentia desse jeito? Em relação a ele? Suspirei. Queria muito que aquele fosse o tipo de cartão que eu daria para Mark hoje. Queria sentir essa mesma ternura e energia sexual novamente. Seria possível?

O cartão seguinte trazia a foto de duas zebras com as cabeças encostadas uma na outra. No lado de dentro, eu escrevera: "Obrigada por dividir comigo os últimos seis meses. Você tem sido paciente e tem me feito muito feliz."

Achei um pedaço de papel com um rosto desenhado. Eu havia escrito: "Como não posso estar aí pessoalmente, aqui está meu retrato. Estou feliz por você fazer parte da minha vida."

Eu não me lembrava daquele cartão. Eu já tinha sido tão boba e apaixonada?

Levei os cartões para cima e coloquei-os na minha escrivaninha. Eu havia mandado aqueles cartões para Mark, mas agora eu os queria para mim. Eles me faziam lembrar de uma mulher que eu conhecera muito tempo atrás. Talvez, se os relesse muitas e muitas vezes, eu pudesse ser de novo aquela mulher.

Durante a viagem, eu me vi pensando nos cartões e na mulher que os escrevera. Por que eu me apaixonara por Mark? Estaria ele tão perplexo quanto eu por ter se casado comigo?

– Você sabe por que se apaixonou por mim? – indaguei.

Esperava que ele dissesse "Não sei". Mas ele disse:

– Essa é fácil.

– É mesmo?
– É, sim – ele prosseguiu, começando a enumerar os motivos nos dedos. – Primeiro, você é sensual.

Corei e não o deixei passar para o motivo número dois. Apesar de estar me sentindo mais sexy ultimamente, nunca pensei em mim mesma como uma mulher sensual. Jamais me senti à vontade com minha aparência. Sempre achei meu rosto muito quadrado, meu tronco muito curto, meus seios muito pequenos, minhas coxas muito grossas e minhas sobrancelhas muito espessas.

Depois que Kaarina nasceu, minha barriga ficou um pouco flácida. Fiquei obcecada pelas linhas finas que pareciam multiplicar-se de um dia para o outro em volta dos meus lábios e olhos. Detestava usar biquíni por causa da celulite. Sensual? Não, eu era uma mãe de 36 anos que dirigia uma caminhonete e usava calcinhas de algodão. Mães não são sensuais, e esta mãe, em particular, passou anos sem ouvir seu marido lhe dar o mínimo sinal de que gostaria de levá-la para a cama. Será que ele ainda se sentia atraído por mim, apesar das rugas, da celulite e tudo mais?

Eu estava doida para que ele dissesse novamente que me achava sensual. Precisava que ele me visse como um ser sexual tanto quanto precisava me tornar um.

– Você está dizendo isso só para eu me sentir bem? – perguntei.

– Claro que não. Você é sexy mesmo.

Eu me mexi um pouco no assento e me posicionei de maneira a ficar um pouco mais alta. Virei para ele e coloquei a mão em sua coxa.

– E o que mais?
– Você é inteligente.
– E o que mais?
– Você é agradável.
– E o que mais?
– Você é atlética.
– Meu bem, você poderia escrever isso? Poderia me escrever

uma carta listando os motivos por que você me ama? Eu escrevo uma para você e você escreve uma pra mim.

– Qual é o prazo?

– Quando formos à Nova York.

– Combinado. Vou escrever.

Fiquei observando a estrada por alguns instantes, absorvida pelo momento e pela música. Olhei fixamente para Mark e disse:

– Querido, tenho algo que preciso lhe contar.

– O quê?

– Você se lembra daquele dia em que estávamos no mercado e Kaarina saiu correndo? Aí, quando me aproximei, você foi grosseiro comigo?

– Talvez. Não tenho certeza.

– Bem, fiquei com tanta raiva de você que tive vontade de matá-lo. Então, em vez de matar você, comecei a escrever um romance sobre uma mulher desesperada que planeja assassinar o marido.

– Você ainda quer me matar?

– Não, não quero. Só gostaria que você soubesse do livro. Eu o mantive em segredo e menti. Algumas vezes, quando você chegava em casa e me perguntava o que estava fazendo, eu dizia que estava trabalhando, mas, na verdade, estava escrevendo. Eu sempre quis escrever um livro. Sempre quis ser romancista desde pequena. Isso é tão importante para mim e eu escondi de você. Escondi de você a coisa mais importante que estava fazendo. Desculpe.

– Fico muito feliz por você – disse Mark. – De verdade.

> Por que você se casou com seu marido? Pense um pouco sobre isso. Você teve algum motivo para se casar – na verdade, teve motivos. Escreva-os e compartilhe-os com o seu parceiro.

Durante os dias que ficamos em Cape May, Mark propôs que eu tirasse duas horas na parte da manhã para dedicar a mim mesma e correr, fazer compras, trabalhar no romance ou ler. À tarde, ele andava de bicicleta enquanto eu e Kaarina tirávamos uma soneca. Na praia, eu relaxava em uma cadeira e lia um livro enquanto ele construía castelos de areia para Kaarina derrubar. Quando íamos a restaurantes, ele a mantinha ocupada desenhando e colorindo. Ele segurava as casquinhas de sorvete de Kaarina, deixando-o derreter em suas mãos. Ele até a levou ao banheiro, algo que eu fazia 99,9% das vezes.

Uma noite, estávamos caminhando pela rua principal de Cape May quando vi uma loja de lingerie.

– Ei! – gritei para Mark e Kaarina. – Mamãe quer entrar nesta loja.

Mark viu os manequins na vitrine.

– Vou esperar com Kaarina na loja aqui do lado. Não tenha pressa – disse ele.

Imediatamente me senti oprimida. Não sabia que tipo de calcinha me deixaria ridícula ou cairia bem. Eu não sabia quais me deixariam insegura e quais fariam com que eu me sentisse sexualmente confiante. Estava a ponto de desistir quando Mark e Kaarina voltaram.

– Não sei o que escolher – disse a ele.

– Que tal esta aqui? – sugeriu Mark, pegando um corpete preto bem justo, com uma fita de seda na cintura.

– Por quê?

– Você tem uma cintura maravilhosa, mamãe – disse Mark.

– Isso vai deixá-la bem evidente.

– Eu tenho uma cintura maravilhosa?

– Tem, sim.

Kaarina saiu correndo da loja.

– Tenho que ir atrás dela – disse ele. – Não tenha pressa.

Escolhi mais algumas peças. No provador, me atrapalhei com tantos ganchos e fechos e fiquei pensando em como seria a melhor maneira de entrar naquilo. Resolvi me vestir, escolhi outras peças mais confortáveis e voltei ao provador. Acabei comprando um body que modelava meu corpo e duas calcinhas que faziam a minha bunda parecer duas maçãs firmes, fazendo sobressair aquela parte do meu corpo que, tantos anos antes, fizera meu marido ficar tão perdidamente apaixonado por mim.

> Enquanto estiver trabalhando para salvar seu casamento, concentre-se nas pequenas mudanças positivas – o sorriso que retorna ao rosto, o elogio, a pia vazia. Valorize o que estiver melhorando em vez de ficar obcecada pelo que ainda precisa mudar.

Voltamos de Cape May mais felizes, mais unidos, mais fortes e mais afetuosos, porém eu sabia que o brilho pós-férias acabaria esmaecendo se não levássemos o Projeto adiante. Eu havia conseguido me livrar de parte da raiva, mas ainda precisava trabalhar em algumas mágoas passadas. Eu sabia disso por causa de John Gottman. Gottman era conhecido por sua capacidade de conversar com qualquer casal por cerca de cinco minutos e prever, com 91% de precisão, se o casal iria ou não se divorciar. Eu estava curiosa para conhecer seu método e saber o que teria a dizer sobre o meu casamento; portanto, li um livro dele chamado *Sete princípios para o casamento dar certo*. Nele, o autor listou uma série de sinais que podem indicar que uma relação vai acabar em divórcio e foi o sexto sinal que me fez parar. Ele escreveu: "Casais que estão profundamente arraigados numa visão negativa de seus cônjuges e de seu casamento costumam reescrever o passado, geralmente piorando os fatos. [...] Outro indício de perigo fica visível quando você acha difícil se lembrar do passado – ele se tornou tão insignificante ou doloroso que você o deixou desvanecer."

Em outras palavras, as pessoas esquecem o que um dia viram na outra.

Pensei nos conselhos que recebemos no dia de nosso casamento: *Nunca vão para a cama com raiva. Responda sempre "Sim, querida". Nunca se esqueçam dos motivos que os levaram a se apaixonar.*

Eu tinha me esquecido.

Eu realmente me apaixonei por ele? Isso aconteceu mesmo? Deve ter acontecido. Nós não nos casamos muito jovens. Não nos casamos por desespero. Não nos casamos por dinheiro ou por status.

Nós nos casamos por motivos absolutamente racionais. Quais? Eu devo ter me apaixonado por alguma coisa. Sem dúvida.

Entrei no Google. Não, eu não achei que encontraria uma página chamada "Por que você se apaixonou por seu marido". Estava procurando informações sobre a ciência da atração. Esperava que, descobrindo o que faz um ser humano se sentir atraído por outro, eu poderia me lembrar do que me atraíra em Mark. Na internet, aprendi que todos os seres humanos são atraídos pelas mesmas qualidades. Todos nós queremos parceiros confiáveis, gentis, saudáveis, inteligentes e instruídos. Os homens também buscam juventude e beleza. As mulheres, pelo menos em algum nível, gostam de homens que tenham dinheiro e sejam influentes.

Eu me lembro de que, quando conheci Mark, ele me pareceu confiável e gentil. Lembro-me de que o considerei inteligente. Era um rapaz instruído, tinha um bom emprego e uma casa própria. Porém, não foi por isso que me apaixonei por ele. Eu conhecia vários homens com as mesmas características e não me casei com eles. Eu me casei com Mark.

Pensei no chavão "os semelhantes se atraem". Eu gostei do fato de ele ser liberal, estar em forma e adorar assistir aos filmes de James Bond. Apreciei sua independência. Achei legal ele gostar de comer e viajar, assim como eu.

Depois pensei no chavão "os opostos se atraem". Gostei dele por ser calmo, confiante e não ser viciado em trabalho.

Mas nada disso explicava por que eu havia me casado com ele. Por que escolhi Mark e não qualquer outro namorado?

Essa pergunta me levou outra vez ao "Não sei". Será que o escolhi porque eu estava pronta para casar e era ele quem estava disponível? Será que me casei com ele porque não encontrei nenhum motivo para não fazê-lo?

Quando finalmente cheguei às minhas lembranças mais profundas, um arrepio percorreu meu corpo. Descobri que me sentira atraída por Mark porque ele me amava incondicionalmente. Ele amava tudo a meu respeito, inclusive – nas palavras dele – o meu cheiro. Ele me amava com qualquer penteado, com ou sem maquiagem, com saltos altos e saltos baixos, suada ou saindo do banho. Ele me amava quando eu estava doente. Ele me amava quando eu estava feliz ou quando estava zangada. Ele me amava por inteiro.

À exceção do dia em que ele me pediu que tirasse uma camiseta que estava manchada antes de visitarmos os pais dele, Mark jamais me pediu que trocasse de roupa.

Talvez isso não fosse o suficiente para você se sentir atraída por um homem e, muito menos, para se casar com ele. Você com certeza tem sua própria lista de exigências. Uma amiga minha, por exemplo, diz que só namora homens entre 38 e 50 anos, que tenham mais de 1,75m, bastante cabelo e sejam ávidos leitores de romances – e essa é apenas a lista de especificações para namorar.

No meu caso, minhas exigências eram bastante simples. Eu só queria ser adorada. Só queria ser amada por quem eu era e não por quem eu poderia me tornar. Queria alguém que acreditasse em mim.

Quando perdi minha virgindade, aos 14 anos, fiquei tão envergonhada que não contei a ninguém. Um ano depois, escrevi uma carta para uma amiga contando que não era mais virgem.

Perdi a coragem e joguei o papel no lixo, onde minha mãe o encontrou. A discussão com meus pais aconteceu na cozinha. Ela começou com "Estamos tão decepcionados com você" e acabou com eles me colocando de castigo. Pensando nisso hoje, desconfio que, se eles soubessem mais detalhes sobre como aquilo havia acontecido, a discussão teria sido bem diferente. Mas eu não contei nada. Não conseguia olhar nos olhos dos meus pais.

Quando conheci Mark no Farmhouse, ele conheceu a minha vergonha e a aceitou. Ele me amou por inteiro. Aceitou tudo a meu respeito. Ele me ouviu. Nunca me julgou, nunca me pediu que fosse algo que eu não era. Nunca me afastou dos meus sonhos. Ele me amou incondicionalmente e foi por isso que eu me casei com ele.

Mark e eu éramos diferentes em muitos aspectos e, quando eu ficava com raiva dele, era nisso que eu me fixava. Eu ficava uma fera quando via as meias dele espalhadas pelo chão, o que provocava em mim a necessidade de pegá-las, enquanto ele nem percebia que eu as havia guardado. Eu ficava furiosa quando ele deixava latas de cerveja, potes de iogurte vazios e cascas de banana no balcão da cozinha, em vez de jogar tudo no lixo, como deveria. Eu ficava magoada porque ele só se lembrava do aniversário da mãe dele na véspera e sempre pedia que eu resolvesse o problema, implorando para que eu saísse e comprasse um presente. Ficava irritada porque eu ouvia imediatamente o choro de Kaarina no meio da noite e ele raramente conseguia ouvi-lo.

Entretanto, percebi que as diferenças que me deixavam louca de raiva eram exatamente o que me havia atraído nele tantos anos antes. Quando nos conhecemos, eu amei o fato de ele ser calmo. Era uma compensação para o meu nervosismo. Lembrei-me de vários incidentes durante o primeiro ano de vida de Kaarina nos quais a tranquilidade dele me impediu de enlouquecer.

No início, a capacidade dele de relaxar evitava que eu entrasse em parafuso. Eu adorava o jeito assertivo dele – isso significava que eu não precisava sê-lo o tempo todo. Como ele sabia se divertir, não me deixava ser sempre tão séria e então eu me permitia rir e me divertir também.

Eu não me casei comigo mesma. Eu me casei com Mark porque ele não era eu. Eu me casei com ele por um motivo. Por muitos motivos. Estava pronta para escrever a minha carta.

Por que eu amo você

Eu amo os seus olhos, a maneira como eles algumas vezes são cinza e outras vezes são castanho-esverdeados, como se não conseguissem se decidir.

Eu amo que você goste de dirigir e não se importe se eu dormir durante todo o percurso.

Eu amo a sua aparência quando você está com a barba por fazer.

Eu amo que você permaneça calmo em momentos de crise – sempre. Eu amo que você compreenda que eu nunca ficarei calma durante uma crise e amo que você nunca mencione esse fato.

Eu amo que você saiba pechinchar tão bem com um vendedor de automóveis.

Eu amo a maneira como você se comporta quando não é bem atendido num restaurante. Você sempre pede de maneira firme, mas nunca agressiva, para falar com o gerente e, de algum jeito, consegue um desconto ou um cupom que vale uma refeição gratuita.

Eu amo que você não encha as malas quando viaja.

Eu amo que você sempre consiga colocar um monte de coisas no porta-malas do carro.

Eu amo que você ame burritos, sushi, comida indiana, húmus, polvo e sopa de abóbora.

Eu amo que você ame viajar tanto quanto eu.

Eu amo que você não acredite na eficácia de castigos físicos (em nossa filha, é claro).

Eu amo que você mate ratos sem me contar os detalhes sórdidos da façanha.

Eu amo que você saiba fazer o rodízio dos pneus, trocar as pastilhas de freio e trocar o óleo do meu carro.

Eu amo que você entenda a língua dos mecânicos.

Eu amo o seu nariz.

Eu amo as suas mãos.

Eu amo que você seja o tipo de homem que guarda minhas cartas de amor.

Eu amo que você saiba fazer todos os tipos de nó, mas nunca fique irritado porque o único nó que sei dar é o que uso no meu tênis.

Eu amo que você nunca levante a voz.

Eu amo que você saiba como as coisas funcionam, especialmente câmeras e telefones celulares.

Eu amo que você saiba a resposta de todas as minhas perguntas retóricas, do tipo "Como será que o ar-condicionado faz o ar ficar frio?".

Eu amo que você construa incontáveis castelos de areia para Kaarina destruir.

Eu amo que você saiba instalar estantes, montar vasos para plantas, martelar pregos e colocar a peça do tamanho certo na chave de fenda.

Eu amo que você pareça sempre saber se uma coisa precisa de um parafuso ou de um prego.

Eu amo que você nunca perca a paciência.

Eu amo que você saiba em que loja eu compro minhas roupas.

Eu amo que você esfregue as minhas costas ou me prepare uma bebida quando lhe conto que tive um dia cansativo ou que estou lidando com um cliente difícil.

Eu amo que você ame assistir ao filme O Grinch.

Eu amo que, quando alguma coisa se quebra, Kaarina sempre diga "Papai vai consertar" e que ela, em geral, esteja certa.

Eu amo que você nunca me diga que eu pareço cansada, mesmo quando pareço.

Eu amo que você consiga alcançar tudo o que estiver na parte mais alta do armário da cozinha, sem ter que subir numa cadeira.

Eu amo dividir a sobremesa com você.

Eu amo que você não tenha medo de nada, exceto de cobras.

Eu amo que você nem pense em me pedir que corte a grama no seu lugar.

Eu amo as suas cicatrizes.

Eu amo que você consiga abrir qualquer pote.

Eu amo que você saiba enfaixar um tornozelo torcido, fazer um curativo e outros cuidados básicos de primeiros socorros.

Eu amo que você não chore nem se lamente quando leva um tombo de bicicleta e se machuca.

Eu amo que você sempre tenha resposta para tudo, mesmo que nem saiba do que está falando.

Eu amo o seu penne ao forno.

Eu amo que você me ame.

CAPÍTULO 7

Para desejá-lo

Julho de 2007

"Para as mulheres, preliminares são tudo o que acontece nas 24 horas que precedem a penetração. Para os homens, tudo o que acontece três minutos antes."
— Dra. Louann Brizendine, *O cérebro feminino*

Mark nunca foi o meu Casanova. Mesmo durante os nossos primeiros tempos de namoro, eu não me sentia atraída por ele de maneira intensa, química, de perder a cabeça. Quando namorava Steve, por exemplo, não conseguia tirar as mãos dele. Estava intoxicada de desejo. Mas Mark me atraía apenas o *suficiente*.

Entretanto, só o suficiente já estava bom, pois presumi que estava fazendo uma boa troca: Mark podia não ter acelerado com força o meu motor sexual, mas ele também não iria me magoar. Era atencioso, apaixonado, responsável, sensível, inteligente e gentil. Mark era do tipo marido e pai. Steve e Todd, definitivamente, não eram para casar.

Nunca imaginei que um dia Mark pudesse parar de cumprir a sua parte nesse acordo.

Também nunca me ocorreu que minha pouca atração por ele pudesse, com o tempo, transformar-se em zero.

Mas foi o que aconteceu.

O desejo de fazer sexo algumas vezes por semana se tornou vontade de transar uma vez por semana; depois, uma vez por mês, uma vez em alguns meses, até atingir o nunca. A vontade dele, porém, não mudou nada e ele continuava a tomar a iniciativa. Sentia-me culpada e esquisita toda vez que ele me abraçava por trás e roçava no meu traseiro. Com o tempo, passei a ficar tensa e irritada com isso. Ele não sabia que eu estava cansada? Se estivesse disposta a fazer sexo, não estaria usando uma camiseta velha e molambenta e uma calcinha igual às da minha avó. Ele precisava pular em cima de mim e se esfregar nas minhas costas como um bicho? Será que ele não podia agir como um ser humano normal?

Quando Kaarina nasceu, meu desejo sexual desapareceu completamente. Eu me sentia sonolenta e estava enfrentando uma menopausa temporária, inclusive com ondas de calor. Meus níveis de prolactina estavam altos e os de estrogênio e testosterona, baixos, deixando-me sem lubrificação. Nessa época, eu recusava os avanços dele com tanta frequência que ele desistiu de tentar.

Por mim, estava bom daquele jeito. Mas eu me sentia péssima por não ver nenhum problema naquela situação.

Acreditava que as coisas voltariam ao normal quando eu parasse de amamentar. Kaarina desmamou com um ano e quatro meses, mas meu apetite sexual continuava nulo. Achei que ele reapareceria quando eu conseguisse dormir melhor. Não reapareceu.

Quando via casais com dois filhos – um da idade de Kaarina e outro menor –, eu pensava "Eles ainda estão fazendo sexo. O que está errado comigo? O que está errado conosco?"

Quando meu desejo sexual voltou, entre meus 36 e 37 anos, eu não estava nem um pouco preparada para ele. Solidarizei-me com o estereótipo do adolescente que vai até o quadro-negro resolver um problema de matemática rezando para que ninguém repare no volume dentro de sua calça. Pela primeira vez em muitos anos, me vi pensando em sexo e ficando excitada em lugares nada adequados. Eu tinha pensamentos eróticos várias vezes por dia, mas minhas fantasias nunca envolviam Mark. Elas envolviam garçons, amigos ou homens que eu inventava.

Provavelmente o mais importante dessa história toda é que

eu começava a me sentir sensual. Eu era uma daquelas mulheres sortudas que acabam ficando mais magras depois de terem filhos. Meu cabelo estava enorme. E, como meu manequim havia diminuído, tive que comprar roupas novas. Sentia-me atraída por mim mesma de uma maneira estranha, do tipo "será que eu devia mesmo admitir isso no livro?".

Mas como ficava meu marido nesse contexto? Poderia voltar a sentir alguma atração por ele? Será que eu passaria o resto da vida desejando somente homens que não poderia ter? Será que Mark se tornaria o protagonista das minhas fantasias sexuais?

Pelo que descobri, parece que tudo isso era assustadoramente normal. Através do Instituto Kinsley, fiquei sabendo que cerca de 3% dos casais eram exatamente como nós – uma rapidinha no meio de um longo período de seca. Outros 13% faziam sexo apenas algumas vezes por ano e quase a metade dos casais afirmou fazer sexo menos de uma vez por semana.

Cerca de 30% deles tinham relações sexuais de duas a três vezes por semana e somente 7% entravam em ação quase todos os dias. Calculei que este segmento da população de casados era composto por aqueles jovens que se conhecem em Las Vegas, casam-se algumas semanas depois e, em seguida, começam a fazer sexo múltiplas vezes por dia nos oito meses seguintes, até se verem implorando por uma anulação.

Eu não tinha a menor pretensão de estar entre aqueles 30%. Depois de seis meses sem sexo, a ideia de ter relações duas ou três vezes por semana me parecia totalmente horripilante.

Algumas vezes por mês... bem, isso poderia ser bom. Conseguiríamos entrar nessa estatística? Eu ansiava por atingir aquela frequência. Naquela época, é provável que minha cobiça fosse maior pela estatística do que por meu marido, mas pelo menos sentia algum tipo de desejo. E talvez, somente talvez, conseguisse desenvolver também algum desejo forte por Mark.

Segundo o livro *O cérebro feminino*, de Louann Brizendine, o homem possui entre 10 e 100 vezes mais testosterona do que a mulher e, portanto, seus órgãos genitais se tornam bastante desconfortáveis se não tiverem um alívio regular. Por outro lado, as mulheres tendem a possuir altos níveis desse hormônio somente durante a segunda semana do ciclo menstrual, logo antes da ovulação. Acho que os autores do Gênesis deixaram de lado um detalhe importante em relação às punições infligidas por Deus quando Adão e Eva comeram a maçã. Além da dor do parto, Ele também nos puniu com ciclos de desejo sexual conflituosos: os homens iam querer sexo todos os dias ou, pelo menos, toda semana; as mulheres, porém, iam querer só uma vez por mês – isso se realmente se sentissem muito atraídas por seu marido.

A viagem a Nova York – quando iríamos redescobrir nossa vida sexual, segundo os nossos planos – estava apenas algumas semanas à frente. O que eu estava pensando? A humanidade estava amaldiçoada desde o início dos tempos e eu, sei lá como, achava que faríamos uma pequena viagem a uma metrópole e, num passe de mágica, a Maldição do Gênesis seria quebrada e nós ficaríamos doidos para transar por horas a fio? Era muito mais provável que Mark e eu fôssemos para o hotel, ficássemos olhando um para a cara do outro e disséssemos "O que será que está passado na televisão?". Temia que, se essa viagem não desse certo, nós dois perdêssemos o ânimo e nunca mais conseguíssemos encontrar uma motivação para tentar de novo. Eu me tornaria uma daquelas senhoras que, quando as amigas estivessem conversando sobre sexo, diria: "Vocês ainda estão se dando ao trabalho de fazer *ISSO*?"

Eu não queria abrir mão de sexo para o resto da vida, mas depois de tanto tempo sem, por que não esperar mais duas semanas? Lembrei-me de que eu mesma estabelecera esse prazo. A data fora marcada no calendário para nos motivar a fazer o dever de casa, e eu havia conseguido. Estava oficialmente obcecada. Eu levava o livro de Patrícia Love, *Hot Monogamy* (Monogamia quente), para onde quer que fosse. Eu o lia enquanto Kaarina tirava um cochilo. Eu o lia até tarde da noite. Eu o lia enquanto esperava no cabeleireiro. Marcava e sublinhava uma página após outra.

A Dra. Love explicou que o sexo envolve três estágios distintos: desejo, excitação e orgasmo. O desejo é a fantasia sexual. Ele é a lâmpada que acende e nos faz pensar em sexo. A excitação, para o homem, é a ereção. Para a mulher, é quando há lubrificação e inchaço da região genital. O orgasmo são contrações musculares intensas e de curta duração que dão aquela sensação tão maravilhosa que parece coisa do outro mundo. Segundo a Dra. Love, a maioria das mulheres não tem problemas com orgasmo e sim no primeiro estágio, o desejo. Um terço das mulheres raramente toma a iniciativa porque quase nunca sente vontade de fazer sexo.

Bati palmas para a Dra. Love e disse que ela estava coberta de razão. Perguntei onde ela esteve durante toda a minha vida de casada. Contei que não tinha dificuldades de atingir o orgasmo, que é uma sensação totalmente prazerosa. Entretanto, o prazer de um orgasmo não era suficiente para me fazer querer ter mais um. Eu comparava meus sentimentos em relação ao orgasmo aos meus desejos em relação ao chocolate. Os pesquisadores demonstraram que o centro do prazer no cérebro feminino é duas vezes mais estimulado quando as mulheres comem chocolate do que quando beijam o marido. Isso fazia o maior sentido para mim. O chocolate vem numa linda embalagem. Não dá nenhum trabalho para abri-la, colocar o doce na língua e atingir um estado de felicidade salivar. Já os beijos e as preliminares eram completamente diferentes e, mesmo com a melhor das técnicas, nem sempre garantiam o êxtase. Se tivesse que plantar o cacau e a cana-de-açúcar, colhê-los, amassá-los e misturá-los com um creme feito do leite tirado de uma vaca que eu mesma ordenhara, pararia de comer chocolate também.

Eu precisava dar um jeito de transformar Mark numa trufa.

Coloquei de lado a Dra. Love e peguei de novo *O cérebro feminino*, da Dra. Louann Brizendine. Essa boa médica me disse que um fim de semana em Nova York era exatamente o tratamento que ela prescreveria. Nas mulheres, disse ela, o desejo sexual só se acende se o centro das preocupações no cérebro, chamado amígdala, for desligado. Somente quando isso acontece é que o centro do prazer pode ser estimulado. Desligar a amígdala é uma missão difícil para mulheres que, como eu, assumem diversas tarefas. O pensamento "a pia da cozinha está cheia de pratos sujos" ligava minha amígdala. O mesmo acontecia com o pensamento "Kaarina pode acordar a qualquer instante". E o mesmo efeito provocava "me esqueci de fazer z, y e z hoje", uma noção que infestava meu cérebro constantemente.

A viagem a Nova York removeria grande parte desses pensamentos da minha amígdala. Eu não teria pratos para lavar, não haveria cachorros ou crianças para nos interromper nem e-mails para abrir. Uma fugida no fim de semana, ensinou ela, era o mais potente dos afrodisíacos.

Então, a ideia não era tão maluca, afinal de contas. Nossa viagem poderia ser o remédio mágico de que precisávamos para vencer a Maldição do Gênesis – mas só se estivéssemos prontos para isso, o que me levou de volta à Dra. Love. Ela me disse que Mark e eu precisávamos discutir o que nos dava e o que não nos dava prazer na cama. Para facilitar a conversa, ela ofereceu algumas sugestões de como introduzir o assunto. Uma delas era "O que eu gostaria de fazer mais quando fazemos amor é..."

Eu sabia muito bem o que queria: não demorou muito para a fantasia vir à tona. Podia ver as mãos de Mark em meu corpo. Ele fazia coisas inimagináveis, coisas que jamais fizera, nem nos nossos melhores tempos.

Será que ele teria ideias e desejos semelhantes relacionados a mim?

Então, certo dia, dei um tapinha no braço de Mark.

– Querido, você poderia pensar em alguns meses atrás, quando fazíamos sexo de verdade? O que você gostaria de ter feito mais? – perguntei.

– Não sei – ele respondeu.

– Bem, eu gostaria que você vedasse os meus olhos, me amarrasse e depois me desse prazer, estimulando todos os meus sentidos.

Ele se virou de frente para mim e disse:

– Você quer *isso*?

– Sim, quero. Agora é a sua vez.

– Não sei.

Será que nunca havíamos tido uma conversa sobre sexo? Sem dúvida, nós já tínhamos conversado sobre o que gostávamos ou não. Nossa vida sexual não foi sempre um jogo silencioso de tentativa e erro.

– Pense no assunto – pedi.

– Quanto tempo eu tenho para responder?

– Tenha uma resposta pronta quando chegarmos a Nova York.

Eu aprendi que um homem que não sofra de disfunção erétil pode, em geral, ter uma ereção em qualquer lugar, a qualquer hora. Não importa se sua mulher tenha acabado de deixá-lo irritado. Não importa se ela tenha acabado de xingá-lo de todos os nomes conhecidos. Não importa nem mesmo se ela tenha acabado de colocar fogo na camisa oficial do seu time de futebol.

Se a mulher quiser que um homem mostre serviço, tudo o que precisa fazer é ficar nua.

Já nós, mulheres, somos bem mais complexas do que isso. É preciso muito mais do que um homem nu para nos deixar excitadas. Na verdade, para muitas de nós, pensar em nossos maridos pelados só nos desperta uma única vontade: a de sair correndo.

As mulheres, como escreveu a Dra. Brizendine, não sentem

desejo a não ser que acreditem que o homem as adore. Medo, raiva e vergonha são sentimentos que mantêm nossa amígdala ligada. São emoções que matam o desejo. Por outro lado, felicidade, alegria e conforto o incendeiam.

Não é nenhuma surpresa que Mark e eu tenhamos parado de fazer sexo! Eu tive raiva dele pelo menos uma vez por dia nos últimos seis meses. Não tivemos 24 horas de paz para as preliminares. Tivemos antipreliminares constantes. Ele não era a minha trufa de chocolate. Estava mais para um jiló.

Eu não precisava comprar lingerie ou revistas eróticas (embora ambos estivessem em minha lista de coisas a fazer), mas sim resolver os problemas que me provocavam raiva, frustração, medo e vergonha. No início do meu relacionamento com Mark, eu sabia que era a pessoa mais importante na vida dele. Com o passar do tempo, alguma coisa mudou. Sua bicicleta, sua loja e seus amigos tornaram-se prioridade. Eu precisava sentir que eu e Kaarina estávamos acima disso tudo.

Eu ansiava por ouvi-lo dizer "eu te amo" e "você está linda". Queria que ele me dissesse quanto me valorizava. Precisava que ele facilitasse a minha vida consertando as coisas em casa, fazendo massagem nos meus ombros e preparando o café da manhã para nós dois. Gostaria que ele passasse mais tempo com a própria filha e sentisse prazer nisso. Acima de tudo, sonhava em ouvi-lo dizer que era o homem mais sortudo do mundo porque eu fazia parte de sua vida. Eu precisava ver isso em suas palavras e ações, e a única maneira de alcançar meu objetivo era pedindo. As sábias palavras de Deb ainda ecoavam em minha cabeça: "Provavelmente, ele só precisa ouvir da sua boca quais são os seus desejos. Os homens são péssimos para entender essas coisas."

Dar a ele algumas pistas não foi nada fácil para mim. Preferia que ele tivesse uma revelação divina ou que descobrisse por si mesmo. Ou seria ótimo encontrar um livro de autoajuda com o título *Como cultuar sua mulher* e obrigá-lo a ler.

Mas eu estava disposta a tentar.

Naquela mesma noite, pensei comigo mesma: "Por que sou sempre eu que cumpro toda a rotina de colocar Kaarina para dormir enquanto ele fica sentado assistindo à televisão?" Quase guardei esse pensamento para mim, acrescentando-o à pilha de problemas que, em geral, faziam com que eu me sentisse usada e desvalorizada. Entretanto, após terminar essas tarefas, sentei-me ao lado de Mark, tirei o som da TV e disse:

– Não acho que seja justo que eu tenha que fazê-la escovar os dentes, vestir o pijama, ler histórias e colocá-la na cama enquanto você fica na frente da televisão. Você quer ler o primeiro livro e eu leio o último, ou prefere que seja o contrário?

– Prefiro ler o último – ele respondeu.

Combinado. Como Mark lia o último livro, ele assumiu a tarefa de não permitir que ela saísse correndo do quarto, reclamando que não estava com sono.

Consegui ter mais tempo para mim mesma à noite e me senti mais relaxada e disposta a conversar.

Fui obrigada a dar outras pistas sobre meus desejos quando planejávamos a viagem para Nova York. Você provavelmente acha que escolher uma noite para escaparmos juntos seria algo simples. Engano seu. Afinal, ainda estávamos nas primeiras etapas do projeto de recuperação do nosso casamento, o que significava que qualquer mínimo detalhe poderia criar um impasse entre nós.

E o impasse aconteceu por causa da bicicleta, que, mais uma vez, achou um jeito de se intrometer na nossa vida. Eu havia pedido a meus pais que ficassem com Kaarina no dia 25 de julho, o dia em que Mark teria o evento de ciclismo. Mas, quando ele verificou o calendário, percebeu que a corrida não era no dia 25, mas no dia 26.

Perguntei a meus pais se poderiam ficar com Kaarina no dia 26. Eles concordaram, mas disseram que teríamos que levá-la até a casa deles.

– Por que eles não podem pegá-la aqui? – questionou Mark.

– Porque eles vão viajar nesse fim de semana para visitar meu irmão e acham que vai ficar cansativo ter que vir aqui logo depois.

– Certo, então nós levamos Kaarina até eles.

Fiquei olhando para meu marido. Será que esse evento era tão importante assim? Não poderíamos simplesmente esquecê-lo e ir para Nova York outro dia? Nosso casamento não era mais importante do que uma droga de corrida de bicicleta?

– Mark, você tem ideia de quanto tempo vamos perder com isso?

– Como assim?

– Vamos ter que dirigir uma hora e meia até a casa dos meus pais e depois mais duas horas na direção oposta até Nova York. Aí a gente vai chegar lá, fazer o *check-in* no hotel, desfazer as malas e ir ao evento...

Parei, pois estava decepcionada demais para prosseguir. Talvez ele não se importasse com sexo, amor e casamento. Talvez ele só se preocupasse com o ciclismo mesmo.

– Seus pais poderiam pegar Kaarina aqui se fôssemos no dia 27 e não 26?

– Acho que sim.

– Então, por que não pulamos esse negócio do evento e nos dedicamos a uma noite romântica? – ele propôs.

Isso seria um tipo de preliminares? Achei que sim.

Na sexta-feira anterior à viagem, fui ao salão de beleza. Eu havia marcado um horário com Carmen, uma esteticista, que, segundo uma amiga, fazia uma depilação na virilha no formato mais sensual que se pudesse imaginar. Essa amiga havia sugerido que eu conversasse com Carmen sobre uma tal "taça de martíni". Os pelos pubianos dos lábios eram depilados até formarem uma linha bem fina, parecendo o pé de uma taça. Os pelos que ficam mais para cima eram depilados em forma de um triângulo de cabeça para baixo – o bojo da taça.

Cheguei alguns minutos antes da hora e fiquei fingindo me interessar pelos produtos para cuidados com a pele. Ouvi alguém chamar meu nome. Então, vi Carmen. Tudo nela – dos longos cílios e lábios grossos até o sapato de salto alto – exalava sensualidade. Ela me levou até uma sala onde havia uma mesa coberta com um lençol branco.

– Você quer o martíni?

– Quero – respondi.

Ela ficou me olhando, aparentemente esperando que eu fizesse algo.

– Você vai ter que me dizer o que fazer. Eu nunca fiz depilação desse tipo antes – falei.

– Apenas tire a calça e a calcinha e deite na cama.

Enquanto desabotoava a calça, pensava em como seria bom ter um pouco de privacidade. Mesmo no consultório do ginecologista, eu me sentia mais protegida. Ele me entregava um roupão e uma coberta e saía da sala para que eu me trocasse. Ele teria um contato bastante pessoal comigo, mas o roupão e a coberta me davam a ilusão de não ter ninguém olhando fixamente para as minhas partes íntimas.

Enquanto essas ideias giravam em minha cabeça, Carmen esperava. Ela ficou em pé, de braços cruzados, me encarando. Respirei bem fundo, tirei a calça, tirei a calcinha e subi na mesa.

– Abra as pernas – disse ela. Carmen deu a volta na mesa e me olhou de todos os ângulos. Enquanto andava, ela ia despenteando os pelos pubianos. Ela observava meu púbis do mesmo modo que minha mãe, uma artista plástica, observava uma natureza-morta.

– Você quer o pé da taça fino ou grosso? – ela perguntou.

– Não sei. Nunca fiz isso antes. Estou um pouco preocupada com a dor, então talvez seja melhor optar pelo pé mais grosso, não?

– É mesmo – ela concordou, olhando para mim. – Olha, isso vai doer. Você é MUITO peluda.

Essa notícia não foi exatamente uma surpresa para mim. Meu pai era descendente de ingleses e alemães, e quase não tinha pelos. Meus folículos capilares, pelo visto, não herdaram os genes dele. Eu os havia herdado do meu avô materno russo, que tinha mais pelos no peito do que um poodle. Se eu não depilasse minhas sobrancelhas, elas cresceriam tanto que virariam uma só.

Carmen pegou uma espátula, mergulhou-a na cera quente e espalhou-a sobre o lado esquerdo do que, em breve, seria o pé da minha taça. Ela colocou uma folha transparente por cima e puxou depressa e com força.

– Até que não foi tão horrível – comentei.

Então ela fez o lado direito e eu quase pulei da mesa.

– Esse lado doeu bem mais.

– Um lado sempre é mais sensível do que o outro – ela disse.

Em seguida, ela espalhou a cera por cima da cicatriz da cesariana. Fiquei tensa. Ela passou o dedo indicador sobre a linha fina do corte.

– Você é mãe, não é?

– Sou.

– Quantos anos?

– Ela vai fazer 3.

– Não, quantos anos você tem?

– Vou fazer 37 daqui a algumas semanas.

– Trinta e sete e mãe? Você está ótima! – disse ela, apontando para o meu abdômen.

Decidi perdoá-la por me chamar de peluda.

Ela continuou a passar cera e puxar, passar e puxar, ao mesmo tempo em que ia me instruindo a mover as pernas em diferentes posições. Num determinado momento, ela queria minhas pernas como as de um sapo, com os pés juntos e os joelhos separados. Depois, queria-as retas, mas pressionadas uma contra a outra. A seguir, totalmente abertas.

— Ah, lindo — disse ela. Carmen havia transformado o patinho feio num cisne. Pulei fora da mesa e me vesti.

Mais tarde, depois que voltei para casa, tirei a calcinha e me olhei no espelho. Pela primeira vez depois de minha vida pós-puberdade eu realmente gostei do que vi. Sentia-me um pouco culpada por minha recém-descoberta admiração pelo meu corpo quase sem pelos. Se as feministas soubessem disso, o que diriam? Será que me declarariam vítima de uma sociedade patriarcal que valoriza pererecas depiladas e despreza as cabeludas? Decidi não me importar com isso. Eu amei. De verdade. Ficou lindo.

Tomei um banho e esfreguei o resto da cera. Podia sentir a água descendo pelo meu corpo, me fazendo cócegas e me provocando. De repente, o ardiloso amigo chamado desejo me chamou. "O martíni chegou para ficar", disse a mim mesma. "Definitivamente."

> Se você estiver sem dinheiro para ir a um salão, depile-se em casa mesmo. Corte o excesso de pelo com uma tesoura e desenhe o formato de uma taça com um barbeador de três lâminas (daqueles mais caros, que os homens usam). Depois, repita o procedimento todos os dias para evitar a coceira, uma reação comum de quando os pelos voltam a crescer.

Dois dias antes da grande data, descobri uma espinha no meu nariz. Depois, vi outra na minha testa. Tinha a sensação de que alguém havia retirado toda a massa cinzenta do meu cérebro e substituído por algodão. Sons altos e pessoas em geral me deixavam irritada. Olhei o calendário.

Estava bem na hora da minha visita mensal.

Fiquei arrasada. Eu não fazia sexo com meu marido havia

meses e acabara de perceber que ia ficar menstruada justo no dia em que havia planejado reiniciar nossa vida sexual.

Acabara... de... perceber.

A terça-feira veio e foi embora, mas a menstruação não desceu. Fui dormir cheia de esperanças. "Não virá", disse a mim mesma.

Na quarta-feira de manhã, fiquei menstruada.

E deprimida.

Quando Mark estava saindo para o trabalho, contei a ele.

– Sinto muito, mamãe – disse ele. – Mesmo assim, vamos nos divertir muito.

Ele tinha razão. Íamos mesmo. Até aquele momento, eu pensava na viagem a Nova York como uma transa de uma noite só e não como a primeira experiência sexual que definiria nossa nova vida como casal. Como acontece quando é só por uma noite, o desejo de que tudo saia perfeito é excruciante. "Essa não é a única noite em que vou transar com meu marido", eu procurava lembrar a mim mesma. Nova York seria apenas a primeira de incontáveis experiências maravilhosas. Não precisava ser perfeito. Só precisava acontecer.

Por uma feliz coincidência do destino, não pudemos viajar naquela semana por causa de um problema sério que Mark teve na loja. Em vez de chorar e achar que nosso casamento estava perdido – como seria minha reação normal –, fiquei exultante. Marcamos a viagem para a semana seguinte. A menstruação teria acabado e poderíamos concretizar o nosso plano de renascimento sexual.

Na manhã anterior à nossa partida, meus pensamentos estavam no martíni. Eu havia imaginado Mark me desembrulhando, tirando minhas roupas e descobrindo esse presente com espanto.

Entretanto, sou ansiosa demais para esperar e acabei estragando a surpresa.

– Fiz uma depilação bem ousada. – Ele se virou para me olhar de frente, as sobrancelhas erguidas. – Depilei os pelos como se fossem uma taça de martíni, com linhas finas e um triângulo de cabeça para baixo logo acima delas.

– Isso me parece algo que eu gostaria de ver. Quando você fez?

– Sexta-feira passada.

– Doeu?

– Doeu, mas não tanto que eu não seja capaz de repetir.

– Você não vai deixar crescer outra vez?

– Não, vou manter assim, ou talvez faça outros desenhos. Acho que a depiladora conhece outros.

– O que você acha de uma pista de aterrissagem?

– É uma possibilidade – respondi –, mas acho que seria bom você ver o martíni primeiro.

Ficamos quietos por alguns instantes e então perguntei se ele já tinha a resposta para "O que você gostaria de ter feito mais?".

– Não, eu não sei – ele respondeu.

– Quando foi que você ficou tão pouco à vontade para falar sobre sexo?

– O que você quer dizer?

– A gente costumava conversar sobre isso. Muitos anos atrás, quando estávamos namorando, eu contava a você sobre minhas fantasias envolvendo outra mulher e eu ao mesmo tempo. Naquela época, você não se importava.

– Você fazia isso?

– Você não se lembra?

– Não – ele respondeu, com uma expressão de expectativa, como se quisesse não apenas se lembrar, mas também que eu criasse uma nova fantasia.

– Por que você se sente desconfortável agora? Isso aconteceu quando me tornei mãe?

– Sim, talvez. – Ele fez uma pausa. – Agora nós somos pais. É diferente.

– Mas não precisa ser. Não há nada de errado em fazer sexo. Se você não me diz do que gosta, eu tenho que adivinhar.

Quando chegamos ao hotel, esperamos pelo elevador para nos levar ao quinto andar.

Nós esperamos.

E esperamos.

E esperamos.

– Você quer subir pela escada? – perguntei.

– Não com essas malas – ele respondeu.

Eu estava suando. O saguão não tinha ar-condicionado.

Finalmente o elevador chegou e um alemão cheio de bagagens saiu dele.

– Boa sorte – disse o alemão quando entramos no elevador.

Teria sido sarcasmo? E se fosse, o que estaria nos esperando?

Antes que as portas se fechassem, um sujeito enorme, da manutenção do hotel, entrou. Ele segurou a porta e mais dois homens entraram. O elevador era mais ou menos do mesmo tamanho da poltrona de Mark. Um daqueles sujeitos estava fedendo.

Fiquei olhando para o chão. Aquele troço não podia chegar mais depressa ao quinto andar?

Finalmente, chegamos.

Caminhamos um atrás do outro pelo corredor estreito e achamos nosso quarto. A cama ocupava praticamente todo o aposento. Havia uma penteadeira em uma parede e uma mesa na outra. O único espaço vazio de chão era uma pequena área de carpete ao pé da cama.

A cama não tinha cabeceira, somente um pedaço de madeira com parafusos saindo do lugar onde a cabeceira um dia estivera pregada.

Aquele quarto não tinha absolutamente nada a ver com o

que eu havia imaginado. Nas minhas fantasias, entrávamos no quarto, colocávamos as malas no chão e pulávamos um em cima do outro. Pedíamos serviço de quarto e ficávamos na cama até a hora de voltar para casa. Mas essa fantasia ia ser apenas isto, uma fantasia. Afinal, o hotel não tinha nem serviço de quarto.

– Não acredito que estamos pagando uma diária de 300 dólares por esse lixo. Você quer ir a algum lugar comer ou beber alguma coisa? – perguntei.

– Acho que é uma boa ideia.

Sentamos num café ao ar livre, entre um homem que comia sozinho e um casal muito jovem e muito apaixonado. O homem estava comendo um prato de mozarela com um grande tomate cortado em fatias. Os jovens apaixonados estavam inclinados, um na direção do outro, olhos nos olhos, conversando animadamente.

Mark e eu estávamos afastados, recostados em nossas cadeiras, conversando tanto quanto o cara que comia sozinho. Eu queria ser como o jovem casal. Será que algum dia voltaria e me perder nos olhos de Mark? Essa experiência poderia ser revivida?

Mark fez um comentário sobre a mozarela que o sujeito estava comendo. Pedi ao garçom a mesma coisa. Mark escolheu um ravióli com finas fatias de salame por cima. Nós dividimos os pratos. Fizemos isso automaticamente. Quando ele terminou o ravióli, dei-lhe um pouco mais de queijo.

Tirei da bolsa as cartas de amor. Entreguei a ele minhas três páginas digitadas.

– Eu não sou escritor – disse ele, enquanto me entregava a folha de papel escrita à mão.

– Eu não espero que você seja. Só quero saber por que você me ama e quero que você saiba por que eu o amo.

Lemos as nossas cartas. A dele dizia:

Por que eu amo você:
Você é minha melhor amiga.
Você tem um sorriso lindo.
Você é inteligente.
Você se preocupa com tudo.
Você é paciente com todos.
Você não gosta de gatos.
Você fez e está fazendo um trabalho fantástico, o melhor do mundo, educando Kaari e Rhodes.
Você é linda.
Você é atlética.
Você correu maratonas.
Você sabe organizar festas.
Você deu à luz nossa linda e esperta filha.
Você tem uma bunda linda.
Você sabe ouvir.
Você não é fanática por coisas de igreja (não muito).
Você lê muitos livros.
Você administra a Companhia Bowman (contas, investimento, etc.).
Você come alimentos saudáveis.
Você é uma mulher de negócios.
Você é uma autora de sucesso.
Você não é materialista.

Eu estava sorrindo quando ele levantou os olhos. Ele também estava sorrindo.

– Isso foi bacana – disse ele.

– Eu não sabia que você gostava do meu sorriso.

– Eu não sabia que você gostava da minha barba por fazer.

– Por que você escreveu a parte da igreja? Eu dava aulas de catecismo quando nos conhecemos.

– Foi por isso que acrescentei "não muito".

– É porque não forço você a ir à igreja?
– Eu não tenho muito tempo livre e ir à igreja; para mim, é perder uma agradável manhã de domingo. Prefiro andar de bicicleta.
– Eu sei.

Conversamos mais um pouco sobre o que amávamos um no outro. Nós nos recostamos. Não estávamos conversando tanto quanto o jovem casal, mas nosso silêncio tinha muito mais a dizer. Pagamos a conta e nos levantamos para ir embora. Coloquei a mão na nuca dele e direcionei a cabeça dele na direção da minha. Eu o beijei gentilmente nos lábios.

– Nós precisamos fazer mais isso – eu disse. – Gostaria que você me tocasse e me beijasse de repente, sem nenhum motivo.

Ele beliscou o meu traseiro.

– É isso aí – eu disse, rindo.

No caminho de volta ao hotel, perguntei:

– Quando você quer namorar? É para isso que estamos aqui.
– De manhã. Você está sempre mais disposta de manhã, certo?
– É, eu acho que sim.

> Escrevam cartas de amor um para o outro pelo menos uma vez por ano, trocando-as no Dia dos Namorados, no aniversário de casamento ou em qualquer outra data simbólica.

Após uma rápida parada no hotel, caminhamos de mãos dadas até a rua 57, onde fica a Eve's Garden, uma loja de produtos eróticos para mulheres. Uma moça alta e muito magra, com cabelos longos e negros e olhos grandes nos cumprimentou. Ela vestia uma saia de pregas que a fazia parecer um cruzamento da garota do rótulo da cerveja St. Pauli com Mortícia Addams.

A pequena loja vendia DVDs eróticos, uma ampla variedade de vibradores e pênis artificiais, vários livros sobre técnicas sexuais, chicotes, palmatórias, óleos e outros produtos variados.

Olhei os livros. Vi títulos do tipo *O guia completo da masturbação*, *O guia completo do sexo anal*, *O guia completo dos vibradores*, *O guia completo do clitóris*, e por aí em diante. Como alguém poderia encontrar tantas palavras para encher um livro inteiro sobre masturbação?

Encontrei um livro familiar. Eu havia escrito alguns capítulos para ele. Peguei-o, abri-o na página de agradecimentos e mostrei a Mark o meu nome. Estava orgulhosa de mim mesma. Eu tinha um livro exposto numa sex shop!

Compramos um DVD erótico, um livro erótico, óleo e um livro chamado *Seja um amante sensacional: como dar a ela o prazer absoluto*. Quando eu estava pagando, a vendedora disse:

– Depois de ler este livro, ele vai fazer você muito feliz.

Eu desejei que ela estivesse absolutamente certa.

De volta ao hotel, nos preparamos para o jantar. Tomei uma ducha e coloquei meu vestido novo, meus sapatos novos e minha lingerie nova, que eu havia comprado especialmente para a viagem. Passei hidratante nas pernas. E então relaxei na cama, enquanto esperava que ele tomasse banho. Não havia uma única parte do meu corpo que não tivesse sido enfeitada de alguma maneira para essa noite. Eu deveria estar me sentindo fantástica, mas, em vez disso, sentia-me cansada e desmazelada. Se estivesse em casa, teria vestido uma camiseta e uma calça de moletom e tirado uma soneca.

Mark saiu do banheiro.

– Você está linda – ele disse.

– Obrigada – respondi, sentindo um pouquinho daquela aflição que costumava experimentar muitos anos atrás, quando nos conhecemos. Eu sabia que ele me achava linda, mas nem *sempre* tinha certeza disso e algumas vezes, como naquela noite, eu realmente precisava que ele me dissesse.

Pegamos um táxi e nos dirigimos ao restaurante. Ao contrário de tantas vezes anteriores, quando saíamos para jantar e ficávamos olhando para o nada, nós agora falávamos sem parar. Conversamos sobre a decoração do restaurante. Conversamos sobre as escolhas do menu. Conversamos sobre as outras pessoas. Conversamos sobre as calças brancas que todos os garçons estavam usando. Conversamos e conversamos e conversamos.

───※───

Acordei no meio da noite com uma dor de cabeça horrorosa, a boca seca e uma sensação de que ia vomitar todo o jantar. Fui até o banheiro, tomei uns goles de água e voltei para a cama. Algumas horas depois abri os olhos outra vez, sentindo-me um pouquinho melhor. Estava com raiva de mim mesma por estragar nossa manhã de sexo por ter bebido demais na noite anterior.

Acordei mais ou menos às oito horas ao som de portas se abrindo e batendo. Mark estava com fome. Eu ainda estava cheia por causa do jantar da noite anterior, mas sabia como ele ficava assustadoramente mal-humorado quando tinha fome. Não fiz nenhuma pergunta. Nós nos vestimos e fomos procurar algum lugar para comer. Descobrimos uma boa lanchonete e depois caminhamos um pouco pelas ruas. Eu não parava de olhar o relógio. Precisávamos voltar até as 12h30 para pegar Kaarina na casa dos meus pais.

– Será que vai dar tempo? – perguntei.
– Temos todo o tempo do mundo.

Quando chegamos ao hotel, já me sentia muito melhor. Tomamos banho e nos arrumamos para a nossa segunda primeira vez. Enquanto ele estava no chuveiro, vesti a lingerie que havia comprado em Cape May e comecei a ler *O conto de Natal pornográfico da Erótica*, que comprara na sex shop no dia anterior. A história era sobre uma mulher que fazia sexo com Papai Noel. Era cheia de descrições, como: "Estou sonhando que ele escorrega por minha chaminé com seu grande pênis vermelho." Minha mente inteligente considerou isso algo de muito baixo nível. Meu cérebro estava achando graça de eu estar perdendo tempo lendo esse lixo. Minhas partes íntimas, porém, gostaram bastante.

"Mas o quê...?", pensei, quando percebi que estava ficando quente e úmida. "Uau, isso funciona." Coloquei o livro na cama e recostei-me nos travesseiros. Foi nesse momento que percebi o espelho na porta do banheiro. Era grande e refletia completamente o lado esquerdo da cama. "Isso compensa tudo."

Empilhei os travesseiros do lado esquerdo e fiquei esperando Mark. Eu me sentia sensual. Estava na maior expectativa.

Ele abriu a porta do banheiro. Estava totalmente nu. Os cabelos, molhados e espetados. Pedi que se sentasse na cama, de costas, contra a parede. Montei em cima dele com as pernas abertas, beijei-o suavemente e sussurrei: "Eu pedi que você me dissesse o que queria. Como você não disse, vou tentar algo diferente. Fique sentado aqui que eu vou lhe dar prazer."

Beijei-o nos lábios. Beijei-o e mordi seu pescoço. Beijei-o na testa. Beijei-o no peito. Eu não chegava até lá embaixo havia muito tempo. No passado, só fazia sexo oral nele como preliminares. Era muito trabalhoso fazê-lo ir até o fim. Eu precisava me esforçar muito para deixá-lo suficientemente excitado. Minha mandíbula doía. Eu tentava ignorar a dor, mas ela acabava dominando o meu desejo de excitá-lo e parava antes que ele chegasse ao fim.

Uma vez, quando perguntei como tinha sido, ele jurou pela saúde de sua frota de bicicletas que havia sido perfeito. Chegou até a dizer que possuía um enorme poder de manter a ereção por muito tempo graças às técnicas de relaxamento e de liberação tântrica que havia aprendido numa aula de ioga.

Não acreditei muito, motivo pelo qual, nas semanas que precederam nossa ida a Nova York, estudara o assunto a fundo.

Alguns minutos depois, ele terminou. Mal pude acreditar. Eu havia conseguido! Estava tão ridiculamente orgulhosa de mim mesma que quase fiz uma dança da vitória ao redor da

cama. Deixei-o descansar e aproveitar aqueles minutos. Então, perguntei:
— Gostou?
— Hã-hã — ele respondeu, com a voz sonolenta. — Você andou estudando sobre isso, não?
— Tirei algumas ideias de um dos livros que li. Você não me disse o que queria, então eu fiz o melhor que pude.
— Você fez um excelente trabalho.
— Você está pronto para trocar de lugar? — perguntei.
— Estou.
— Continue sentado nesta posição. Eu vou me sentar de costas para você e lhe mostrar como usar suas mãos para me dar prazer.

Tirei a calcinha, coloquei minha mão direita sobre a mão dele e o guiei para onde eu queria. Usei meus dedos para dirigir a pressão e a direção dos dedos dele. Sentados de frente para o espelho, tínhamos uma excelente visão do martíni.

Em poucos minutos eu também gozei.
— Isso foi ótimo — eu disse. — Gostaria de ter pensado nisso há muito tempo.
— Eu também — disse ele.

Na volta para casa, conversamos sobre o aniversário de Kaarina, que seria dali a poucas semanas.
— Na quarta-feira depois do aniversário de Kaari terei que fazer uma viagem de negócios — ele disse.
— Na quarta-feira depois do aniversário de Kaarina é o meu aniversário — respondi.

Ele ficou calado por alguns instantes e fiz o mesmo. Eu havia planejado fazer algum programa romântico com ele, para compensar o desastre do meu aniversário no ano em que Kaarina nasceu. Estávamos construindo uma energia tão boa naquela viagem. Meu aniversário, para mim, era um evento simbólico. Três anos antes, ele fora o símbolo da decadência do nosso casamento.

Agora, eu queria que fosse o símbolo de nossa reconstrução. Entretanto, não havia mencionado nada disso porque estava muito ocupada com os preparativos para Nova York. A impressão que eu tinha era que a data ainda estava muito longe.

– Que pena – disse Mark. – Podemos comemorar seu aniversário na sexta-feira?

– Eu quero comemorar meu aniversário no dia do meu aniversário. Você não pode ficar em casa?

– Eu preciso muito estar lá.

– Vamos conversar melhor sobre isso depois. Não tenho nenhuma solução neste momento – eu disse.

Poucas semanas antes de Nova York, eu teria me recostado na cadeira e o transformado de vez no Sr. Ex. Eu o mataria e tomaria as providências para o enterro. Mas não fiz nada disso. Sim, é claro que estava decepcionada, porém, também sabia que ele daria um jeito na situação. Eu não o queria morto. Eu o amava. De verdade.

> Só porque ele se esquece do seu aniversário e do aniversário de casamento, não significa que ele não a ame. Só significa que ele tem péssima memória. Ajude-o. Anote na agenda dele as datas importantes que você quer que ele se lembre.

Nós nos comprometemos a fazer uma viagem como aquela regularmente. Mas eu não queria me enganar. Nós não podíamos sair da cidade todas as vezes que quiséssemos transar. Precisava encontrar uma maneira de desligar minha amígdala em casa. Caso contrário, continuaríamos com nosso infeliz recorde de só fazer sexo uma ou duas vezes por ano – ou quando estivéssemos num lugar diferente – e nós dois queríamos melhorar essa estatística para uma vez por semana ou, no pior das hipóteses, uma vez por mês.

Voltei a ler *O cérebro feminino*. Li um capítulo sobre atração. Ele afirmava que, em geral, as mulheres se sentem atraídas por homens que ganham muito dinheiro e que isso está instalado em nosso cérebro. Podemos pensar que estamos acima dessas coisas, mas, na verdade, não estamos, segundo a Dra. Brizendine.

Parei de amá-lo quando ele perdeu o emprego? Perdi o desejo por ele quando ele deixou de ganhar dinheiro?

Meu papel como única provedora exerceu uma enorme pressão sobre mim. Eu me preocupava quase o tempo inteiro com medo de não conseguir ganhar o suficiente para pagar a hipoteca, colocar dinheiro na poupança para a faculdade de Kaarina e ainda manter o mesmo padrão de vida. Será que essas preocupações fizeram com que minha amígdala ficasse permanentemente ligada? Por que não poderíamos ter um relacionamento diferente do tradicional? Por que eu não poderia ganhar mais do que meu marido e ainda assim me sentir atraída por ele?

Pensei em outras questões amigdalares. Desde o instante em que acordava até a hora em que ia dormir, eu cozinhava, limpava, trabalhava, ia ao mercado, abria a correspondência, tirava o lixo, pagava as contas, pagava impostos, catava cocô de cachorro, limpava o bumbum de Kaarina, lia livros para ela, desenhava com ela e depois arrumava a bagunça que ela tinha feito, e muito mais.

Eu não dormia a noite inteira.

Quase não relaxava e, quando o fazia, me sentia culpada.

Será que era isso que estava destruindo a minha vida sexual?

Eu precisava aprender a fazer menos, mas não sabia como. Eu trabalhava, vivia e dormia pensando em resolver coisas. Quando a casa estava suja, meu cérebro se sentia desorganizado. Tinha que descobrir como lidar com contas atrasadas, deixar os pratos sujos na pia e enfrentar minhas incertezas. Ao mesmo tempo, sentia necessidade de fazer com que Mark assumisse mais tarefas, como me ajudar a cuidar de Kaarina, da limpeza e de outros detalhes.

– Oi, querido. Posso falar com você sobre um assunto? – perguntei. Àquela altura, ele já havia se acostumado com essa pergunta e sabia que ela envolveria um grande comprometimento de tempo e atividade cerebral. "Posso conversar com você sobre um assunto" nunca era tão simples como "O que você acha de mudarmos a marca do chá que você sempre compra no mercado?". Não, nunca era tão simples.

Ele me olhou cautelosamente, pelo canto do olho.

– O que aconteceu?

– Eu estou lendo este livro, *O cérebro feminino*.

– Oh, Deus – disse ele, num suspiro.

– É um livro ótimo, muito interessante – falei depressa, tentando trazê-lo de volta à conversa e evitar que o dedo dele apertasse o botão "ligar" no controle remoto da TV. – Enquanto estava lendo, descobri por que paramos de fazer sexo.

Agora, eu tinha a mais completa atenção dele.

– A autora fez muitas pesquisas sobre a evolução do cérebro feminino. Ela descobriu que as fêmeas são naturalmente atraídas por homens que ganham mais dinheiro do que elas. No início, eu não quis acreditar que me enquadrava nisso. Pensei que fosse superior, mas, depois de refletir por alguns instantes, esse fato começou a fazer sentido para mim. O argumento dela é muito convincente.

– O que você quer que eu faça? Que arranje mais um emprego? – ele me perguntou, naquele tom de voz característico.

– Não, não é isso o que eu estou dizendo – respondi. Não era assim que eu havia planejado essa conversa. Talvez não tivesse resumido o livro direito, mas não sabia onde tinha errado. Tentei imaginar como minhas palavras o haviam afetado. – Também não sei se foi isso realmente o que aconteceu, mas talvez esse dado nos ajude a entender nosso problema. Ou pelo menos parte dele.

Perdi a atenção dele. Mark agora estava olhando para a parede e esperando que eu desistisse daquela conversa.

– Só estou tentando dizer que preciso de sua ajuda – insisti.
– Bem, e como você espera que eu ajude?
– Não sei – respondi, destroçada.
Ele ligou a televisão. A conversa acabou.
"Por que ele sempre tem que ser tão difícil?", pensei. "Por que ele não pode contribuir com o processo?"
Levantei-me, peguei um romance e fui para o quarto ler. Fiquei relendo as mesmas linhas inúmeras vezes. Coloquei o livro sobre a cama e olhei para o teto. Algumas vezes, o trabalho que estávamos realizando para recuperar nosso casamento parecia tão fácil. Outras vezes, como nesta noite, parecia impossível. Eu teria mesmo que aceitar isso? Haveria sempre essa falta de desejo? Será que eu me sentiria eternamente frustrada com a nossa vida sexual?

Mark deitou-se na cama. Eu me afastei dele. Não queria que a noite acabasse assim. Se ele adormecesse – o que aconteceria em cerca de três minutos se eu não dissesse nada –, eu acabaria dormindo lá embaixo, no quarto de hóspedes. Jamais conseguia dormir perto dele quando estava zangada.

– Querido, me desculpe se eu o ofendi agora há pouco. Não foi minha intenção. Eu não falei da maneira como havia planejado. Só quero transar com mais frequência. Quero fazer amor. Estou precisando relaxar e reduzir o estresse na minha vida e não posso fazer isso sem a sua ajuda.

Ele se arrastou até o meu lado da cama e sentou com seus 82 quilos em cima de mim.

– Eu vou ajudá-la – disse ele, me beijando com ternura. – Apenas me diga o que fazer.

Com o tempo, eu disse a ele o que fazer, e ele fez. Num domingo, por exemplo, enquanto Kaarina estava tirando uma soneca, ele abandonou o seu lugar habitual na frente da TV e foi lavar meu carro, tirar o cocô do cachorro, arrumar o jardim e colocar a roupa para lavar. Uma noite, ele levou Kaarina ao velódromo, sugerindo que eu aproveitasse para trabalhar em meu romance. Os dois voltaram felizes e calmos. Ele ficou meu provocando:

– Como você me matou dessa vez?

Ele fez tudo isso porque eu lhe dei pistas. Essas dicas demonstraram a ele que eu estava cansada e sufocada e que agradeceria muito se ele tirasse Kaarina de casa com mais frequência para que eu pudesse ter algum tempo para mim.

Ele ouviu. Ele agiu. Como resultado, eu já me sentia mais próxima dele. Passei a olhá-lo de maneira diferente. Um dia me peguei experimentando um início de fantasia sexual que realmente o envolvia. Mark ainda não era a minha trufa, mas estava se aproximando de um jiló com cobertura de chocolate.

CAPÍTULO 8

E para se sentir adorada por ele

Início de agosto de 2007

> "Algumas pessoas afirmam que o casamento interfere no romance. Não há dúvida quanto a isso. Toda vez que eu tenho um romance, minha mulher interfere."
> — Groucho Marx, *The Groucho Marx Phile* ("Os arquivos de Groucho Marx")

Eu cresci ouvindo contos de fadas sobre lindas heroínas que foram salvas de uma vida de pobreza, monotonia ou confinamento por homens fortes e charmosos. Na pré-adolescência, desperdiçava meus fins de semana sonhando com meu próprio príncipe encantado. Ele voltaria para casa todos os dias depois do trabalho, me daria um beijo apaixonado e um abraço carinhoso. Ele me encheria de cuidados e faria com que vivêssemos felizes para sempre.

E então, cerca de 15 anos depois, eu me casei.

E então, pouco depois disso, eu me decepcionei.

E então amaldiçoei os autores de todos aqueles contos de fadas mentirosos. Por que eles haviam me estimulado a acreditar que esse tipo de homem existe? Eles não existem!

Ou será que existem?

Será que eu poderia transformar meu marido no meu príncipe encantado? Poderia ensiná-lo a ser romântico comigo? Como? E, presumindo que tudo isso fosse possível, o que exatamente um príncipe encantado faz?

O que eu queria realmente? Que ele fosse cavalheiro? Que me

mandasse flores? Que abrisse as portas para eu passar? Que me pegasse pelo braço e me dissesse que sou linda?

Que se lembrasse do meu aniversário?

Sim, eu queria que ele se lembrasse do meu aniversário. E o que mais?

Resolvi dar uma olhada no dicionário para ver a definição de romance. Apareceram palavras como aventura, heroísmo e mistério. Eu conseguia entender como uma aventura a dois nas Ilhas Canárias podia ser algo incrivelmente romântico. Podia enxergar um ato de heroísmo – por exemplo, ele me salvando da mira de um carro desgovernado – como uma experiência romântica. Eu também podia entender que o mistério (como no caso de Mark me dar uma chave e eu ter que encontrar o cadeado que ela abre) era altamente romântico.

Entretanto, eu precisava de algo mais concreto. Portanto, comecei a pensar nas histórias românticas que conhecia na vida real.

Lembrei-me da maneira como meu irmão mais velho, Andy, pedira a esposa, Pam, em casamento. Ele alugou uma limusine para levá-la a um restaurante romântico. Enquanto isso, uma amiga de Pam foi até a casa dela, a pedido de Andy, levando um arranjo de flores, um anel de noivado e um bolo confeitado com os dizeres "Você quer se casar comigo?". Quando Andy e Pam chegaram, ele se ajoelhou perto do bolo e a pediu em casamento. Eu adorava ouvir essa história, pois Andy era uma peste quando éramos crianças. O romantismo dele parecia tão diferente de sua personalidade que deixava claro seu amor por Pam.

Pensei na minha amiga Jennifer e na história do seu noivado na Itália. O namorado dela, Bob, a havia levado até a Via Dante Alighieri, perto da igreja onde Dante vira pela primeira vez o seu verdadeiro amor, Beatriz. Então Bob leu alguns versos de Dante, ajoelhou-se, tomou a mão de Jennifer e pediu-a em casamento em italiano. Quando Jennifer me contou isso, achei que ela era a mulher mais sortuda do mundo por se casar com um homem como Bob, principalmente levando-se em consideração que ele não era italiano e só aprendera o suficiente para recitar o poema e pedir sua mão em casamento. Também pensei no fato de que meu marido jamais, nem em um milhão de anos, faria o mesmo por mim, ainda que Bob lhe fornecesse todo o roteiro.

É claro que eu nunca poderia esperar que Mark fosse como Bob. Meu marido jamais leria um poema de Dante para mim ou discutiria comigo o tema de um livro qualquer. Mas ele sabia trocar as pastilhas de freio do meu carro como ninguém. Posso estar enganada, mas algo me dizia que Bob não sabia trocar pastilhas de freio.

O romantismo não tem regra, não pode ser imitado. Cada homem é romântico à sua maneira e cada mulher se apaixona por um tipo diferente de homem romântico.

Eu me apaixonei pelo tipo de homem que tem graxa sob as unhas, cicatrizes nos joelhos e nos ombros e lê revistas de ciclismo no banheiro. Eu me apaixonei por um homem que, ocasionalmente, vai até o jardim, corta algumas flores ao acaso e me presenteia com um buquê improvisado. Eu me apaixonei por um homem que topa correr, mesmo que isso lhe cause dor nos calcanhares, só para me fazer companhia durante meus treinos para maratonas.

Pensar nessas coisas, para mim, era um grande progresso.

Recorri outra vez à Dra. Love para saber o que ela tinha a dizer sobre romance. Ela explicou que romantismo "é a maneira como você demonstra amor e respeito pelo seu parceiro no dia a dia". Ah, eu ansiava que meu marido encontrasse uma maneira de me mostrar que me amava sem dizer isso em palavras. Eu queria que ele me olhasse como se eu fosse a bicicleta mais cara que ele já tivesse visto. Eu suspirava por isso. Minha necessidade de enxergar o amor dele era consequência da minha eterna insegurança. Nas noites em que eu ficava sozinha porque ele saía com os amigos e nos longos fins de semana em que ele passava trabalhando ou pedalando, eu temia que um homem que preferia uma bicicleta ou os amigos à própria esposa não poderia amá-la de verdade.

Se Mark pudesse me convencer de que eu mexia com ele de alguma forma, meu ciúme e meu medo poderiam se acalmar.

> Pense em como você gostaria que seu
> marido lhe dissesse "Eu te amo".
> Depois compartilhe isso com ele.

O fato de Mark planejar passar o meu aniversário viajando a trabalho não fez com que eu me sentisse o ser humano mais importante do planeta. O fato de ele nem lembrar que era meu aniversário me colocou tão no fim da sua lista de pessoas e coisas importantes que eu nem me senti parte dela.

Meus três últimos aniversários também haviam sido esquecidos. Meus 34 anos, quando Kaarina nasceu, marcaram o início da saga dos esquecimentos. Completei 35 em Newfoundland, no Canadá, numa viagem com meus pais. Mark estava ocupado demais para se juntar a nós. Quando fiz 36, pedi a ele que tomasse conta de Kaarina para que eu pudesse passar o dia dormindo e lendo. Ele ficou com ela por uma hora e depois desistiu.

Eu não queria que o meu aniversário de 37 anos repetisse o drama do passado. Simplesmente não queria.

Então, uma noite, enquanto lia um livro de David Schnarch, *Passionate Marriage* ("Casamento ardente"), descobri que os casais verdadeiramente felizes não discutem sobre "o que eu quero para mim versus o que você quer para você". Eles se colocam no lugar um do outro e tentam encontrar uma solução que seja satisfatória para os dois. Em outras palavras, diante de um conflito, minha necessidade de ser feliz deve ser tão grande quanto minha vontade de fazer com que meu marido seja feliz e vice-versa. Coloquei o livro no colo, ajeitei-me na poltrona e refleti sobre como esse conselho poderia ser aplicado ao impasse do meu aniversário. "Bem, David, se eu simplesmente deixar meu marido ir para Nova Jersey a trabalho para que ele se sinta feliz, eu não ficarei nada feliz. Esse é um dos nossos problemas. A balança da felicidade está pendendo a favor do meu marido. Ele é que precisa ouvir esse conselho e não eu. Certo?"

Avaliei a situação um pouco mais. "Suponhamos que ele realmente precise estar lá. Digamos que seja de vital importância para os seus negócios. E daí? Daí eu contrato alguém para tomar conta de Kaarina e vou fazer outra coisa. Talvez eu convide minhas amigas para jantar comigo."

Colocamos Kaarina para dormir. Perguntei a Mark se poderíamos conversar.

– Sobre o que precisamos conversar?
– Sobre o meu aniversário – respondi.
– E qual é o problema?
– Quando Kaarina nasceu, meu aniversário foi o pior possível. Ele é um símbolo de tudo o que está errado no nosso casamento. Eu quero que a comemoração deste ano seja o símbolo de tudo o que está certo.
– Eu não preciso viajar. Posso ficar em casa.
– Sério? – perguntei. – A expressão do rosto dele era de ternura. Seus olhos eram gentis. Ele queria que desse certo. Ele queria me ver feliz.

"Obrigada, David", pensei. "Obrigada por me proporcionar este momento."

> Diga a ele o que você quer, mas aceite que nem sempre você vai conseguir o que deseja. Você vai se sentir mais amada se ele entender suas necessidades – mesmo que não concorde com elas – do que se ele não compreendê-las mas ceder porque está cansado demais para discutir.

Considerei David Schnarch um homem brilhante, não apenas por me ajudar a ressuscitar meus planos de aniversário, mas também por ter me ensinado uma maneira de comparar a intimidade conjugal ao quantum físico. É algo tão complexo que nem vou tentar reproduzir aqui. O importante é dizer que isso me deu muita esperança de que esse homem fosse capaz de nos ajudar.

Schnarch sugeriu que Mark e eu experimentássemos uma técnica que ele denominou "o abraço relaxado". Ele afirmou que isso transformaria o nosso relacionamento. Se eu conseguisse resolver nossos problemas apenas abraçando meu marido de uma forma um pouco diferente, estaria pronta para tudo. Com a ajuda do Sr. Schnarch e seu livro, aprendi que, em todos os relacionamentos, um indivíduo se solta primeiro do abraço, enquanto o outro continua abraçando. O jogo entre o abraçador e o soltador em geral é tão sutil que nenhum dos parceiros sabe quem é quem.

Fiquei imaginando qual de nós dois manteria o abraço e qual se soltaria, mas o que eu mais gostaria de saber era por que Mark e eu não nos abraçávamos nunca. Costumávamos nos abraçar e dizer "Eu te amo" quando um dos dois estava saindo de casa. Eu me lembro de mamãe implicando conosco quando nos viu abraçados na porta da frente: "Até parece que ele vai ficar duas semanas fora." Em parte, esses abraços eram originados pelo leve temor de que aquela fosse a última vez eu o veria. Como repórter de jornal, havia entrevistado um bom número de esposas de luto que me diziam coisas como: "Eu não o beijei nem disse adeus esta manhã, quando ele saiu. E agora ele nunca mais vai estar aqui." Eu não queria ter na consciência o peso de saber que Mark fora atropelado por um trator enquanto se dirigia à caixa de correio sem um abraço de despedida. Mas aqueles abraços, é claro, eram mais do que medo. Eles eram ternos e demorados e diziam "Eu te amo mais do que a mim mesmo". Eu tinha saudades daquele tempo.

Tentei me lembrar da última vez que nos abraçamos, mas não

consegui. É provável que tenhamos parado de nos abraçar e nos beijar há muitos anos, antes mesmo de pararmos de transar. Schnarch seria capaz de nos ensinar a nos abraçarmos outra vez?

– Ei, amor – eu disse, interrompendo Mark, que assistia a uma corrida de carros na televisão. – Estou lendo um capítulo sobre abraços. Queria fazer uma experiência com você.

– Que tipo de experiência?

– Você pode se levantar? Eu quero abraçá-lo.

– É só isso?

– É – respondi, olhando os olhos cinzentos dele, rezando para que ele não pedisse que eu esperasse até o fim da corrida.

– Acho que posso fazer isso – disse ele.

Mark se levantou. Nós nos abraçamos. Ele se inclinou para cima de mim. Dei um passo para trás para me equilibrar. Schnarch havia mencionado que uma das pessoas geralmente se inclina em direção à outra e esta também se inclina, podendo ser para a frente ou para trás. A inclinação era um símbolo da carência, como se você não conseguisse ficar em pé por si mesmo. Não sei se acreditei nisso, mas eu me esforçava para manter a mente aberta. Só que eu estava me sentindo extremamente desconfortável. Minha perna estava começando a tremer e meu tronco estava sendo pressionado sob o peso dele. Nossos abraços foram sempre assim? Eu não me lembrava de ter tido uma sensação de desconforto antes.

– Meu bem, dá para você ficar reto? O cara que escreveu o livro disse que inclinar-se significa carência. Você se sente carente?

– Não, eu só gosto de abraçar você desse jeito.

– Eu vou cair para trás se você continuar assim.

Ele se ajeitou, tirando o peso de cima de mim. Coloquei os braços ao redor da cintura dele. Ele descansou a cabeça no meu ombro.

Definitivamente, eu era a soltadora. Cada molécula do meu ser estava dizendo "Chega!". Eu enxerguei o doloroso simbolismo: eu era a pessoa que quase abandonara o casamento. Eu era a pessoa que quase desistira de nós dois. Eu era a pessoa que quis soltá-lo. Ele estava inclinado para mim. Ele me desejava. Ele precisava de mim. Ele pode não ter sido capaz de comunicar essa necessidade em palavras, mas estava demonstrando isso no abraço.

O Sr. Schnarch me havia informado, entretanto, que eu poderia vencer o ímpeto de me afastar. Se esperasse o suficiente, eu acabaria relaxando. Eu me sentiria "profundamente calma". Segundo o autor, sentiria minha ligação com meu marido por meio da minha ligação comigo mesma.

Então, ficamos abraçados e esperei.

Eu estava tão desconfortável com meu desejo de me soltar que comecei a repetir cada palavra que havia lido no livro de Schnarch. "Haverá um momento em que você começará a se sentir desconfortável e vai desejar se soltar. Precisamos vencer esse momento e relaxar", eu dizia, como se fosse ele que quisesse se libertar.

Mark me envolveu com mais força em seus braços. Ele poderia ter ficado ali, em pé, a noite toda, mesmo que não estivesse passando uma corrida na TV.

Tentei relaxar. Concentrei-me em minha respiração.

Superei o desconforto e entrei num estado de profundo tédio. Seria esse mais um símbolo funesto de como eu me sentia sobre meu casamento?

Continuamos abraçados. Continuei entediada.

Então esperei.

E esperei.

E esperei.

– Certo, tenho certeza de que já é tempo suficiente – eu disse, e nós nos soltamos.

Será que não havíamos passado no teste do abraço? Se eu não conseguia me sentir à vontade abraçando meu marido, como nossa relação poderia sobreviver?

Na noite seguinte, resolvi tentar outra vez.

– Amor, vamos praticar O Abraço de novo?

– É claro, docinho – disse ele.

Mark ficou em pé. Ele me envolveu em seus braços. Ele se inclinou em minha direção e disse:
– Eu vou aguentar mais tempo do que você.
– Isso é uma competição? – perguntei.
Ele não respondeu.
Ele apoiou o peso em mim.
– Eu não consigo sustentar você. Você é mais pesado do que eu. Não é justo – reclamei, achando graça.
Mark também riu, mas se recostou ainda mais.
Empurrei meus 55 quilos contra os 82 quilos dele. Era como se estivesse tentando empurrar um jogador de futebol americano. Eu não estava entediada nem desconfortável. Não me sentia profundamente calma, mas estava me divertindo.
Mark se recostou um pouco mais. Dei dois passos para trás.
O peito dele estava bem diante do meu nariz. Apoiei meu rosto ali. Abri a boca e dei uma mordida nele.
– Ei, ai! – Ele me soltou.
– Você me soltou primeiro. Ganhei – falei, fazendo a dança da vitória.
– Isso não foi justo! – Ele deu um sorriso largo.
– Você jogou sujo primeiro. Eu só joguei *mais* sujo – respondi, dando um beijo de leve em sua boca.
Acho que não era bem isso o que Schnarch tinha em mente, mas gostei muito mais da nossa versão.

Só existe uma maneira errada de abraçar alguém:
quando você abraça sem tocar o outro.

Meu aniversário acontece apenas uma vez por ano. Entre uma data e outra havia 364 dias que tinham uma necessidade desesperada de atenção. Eu sabia que dizer "Você poderia tentar ser mais romântico com mais frequência?" não era específico o suficiente. Mark precisava de um manual de instruções.

Para descobrir o que escrever no manual, pedi ajuda a algumas amigas. Mandei e-mails para Jennifer, Deb e Eileen, perguntando de que maneiras seus maridos se mostravam românticos. Essas mulheres formavam um grupo bem representativo da população feminina casada. Jennifer tinha trinta e poucos anos, Deb, quarenta e poucos e Eileen estava chegando aos sessenta.

A primeira a responder foi Deb. Ela era casada com Keith há 17 anos e era loucamente apaixonada por ele. Keith era o oposto dela de várias maneiras. Assim como Mark era o meu. Eu nunca o vira com uma expressão tensa no rosto. Uma de suas características mais românticas era o hábito de delicadamente persuadir Deb a se afastar do computador para que ela não perdesse as coisas boas da vida, como um jantar que ele mesmo havia preparado. O sotaque escocês dele também era um charme. Mas não era só isso: ele tinha um jeito de olhar para Deb que dizia "Você me faz o homem mais feliz do mundo".

Eu li o que Deb tinha a dizer.

Ele me traz café na cama todas as manhãs, e o prepara do jeitinho que eu gosto.

Ele me ouve quando estou preocupada com coisas bobas e nunca me chama de tola.

Ele implica (de brincadeira) com a minha tendência a derrubar as coisas, com a minha capacidade de ficar com manchas roxas à toa e com meu vício em trabalho.

Ele compreende a minha necessidade de tirar uma soneca à tarde.

Quando estou trabalhando, ele sempre aparece atrás de mim e me dá um beijo na nuca.

Ele assina todos os e-mails com "Com amor, Keith" e desenha um coração em todos os bilhetes que me deixa.

Ele sempre vai caminhar comigo. Não nos damos as mãos porque eu ando tão depressa que fico alguns metros à frente dele, mas pelo menos passamos uma hora juntos sem computador, TV ou qualquer outra distração.

Acho que só de sermos capazes de sentar e conversar já é algo que demonstra que o romantismo está presente na nossa vida. Ah, nós também jantamos juntos todos os dias.

Jennifer, a amiga que me apresentou ao martíni, foi a segunda a me responder. Nós nos conhecíamos há sete anos. Ela era uma mulher culta, tocava violino em uma orquestra e eu poderia apostar que ela sabia de cor alguns poemas de Shakespeare. Era uma cozinheira de mão-cheia e, como seu marido Bob, era fascinada por filmes de vampiro (desde muito antes de eles virarem moda). Bob e Jennifer estavam casados havia somente dois anos. Provavelmente ainda estavam na fase de lua de mel, mas, ainda assim, eu poderia aprender o que eles faziam que dava certo.

Bob e eu estamos sempre nos tocando, como se fôssemos dois adolescentes. Tocamos no braço do outro, roçamos o rosto, coisas simples assim.

Dizemos "Eu te amo" inúmeras vezes por dia. Quando estamos sentados vendo televisão ou indo a algum lugar de carro, ele simplesmente diz "eu te amo, Jennifer", assim, do nada.

Ele leva o cachorro para passear de manhã para que eu possa dormir um pouco mais.

Ele aderiu à dieta vegetariana por minha causa.

Ele cozinha os pratos da dieta de South Beach para mim.

Ele me diz que sou linda e sensual.

Se tenho um dia difícil no trabalho, é provável que eu encontre velas e flores em casa quando chegar. Algumas vezes, ele deixa a banheira preparada para que eu tome um banho relaxante enquanto ele prepara o jantar.

Ele me ouve.

Ele me coloca em primeiro lugar.

Ele me incentiva a pedir sobremesa quando comemos fora.

O e-mail de Jennifer me fez lembrar de como Mark e eu costumávamos ser quando o nosso relacionamento era mais forte. Eu massageava as costas dele todas as manhãs. Sempre que um dos dois saía de casa, dávamos um beijo e um abraço. Costumávamos ficar de mãos dadas, caminhar juntos, correr juntos e pedalar uma bicicleta para dois. Gostávamos de assistir a filmes de ação, viajar, explorar novos lugares e experimentar novas comidas. Juntos.

Depois que ele abriu a loja e Kaarina nasceu, o "juntos" transformou-se em "separados". Paramos de assistir a filmes. Paramos de nos exercitar juntos. Paramos de pedalar a bicicleta para dois. Eu parei de massagear as costas dele. Ele parou de me abraçar. Nós paramos de nos tocar.

Eileen foi a próxima a responder. Ela estava casada havia 21 anos. Trabalhamos juntas na revista *Runner's World*. Ela era a pessoa mais feliz que eu conhecia. Eileen podia correr 30 quilômetros num dia quente de verão e nunca perder o sorriso. Ela e seu marido, também chamado Bob, passaram férias conosco no Havaí há muitos anos. Eles agiam como recém-casados. Acariciavam-se com ternura, um leve toque no braço aqui, um carinho no pescoço ali. De vez em quando, olhavam-se nos olhos, e eu podia sentir o resto do mundo desaparecer ao redor deles. Eles se tornaram o centro do universo um do outro.

Certa vez, Bob foi picado por uma abelha e sofreu um choque anafilático. Quando a ambulância chegou, ele tinha parado de respirar. Uma amiga ligou para todos os ramais da *Runner's World* procurando por Eileen, que havia saído para correr. Acabaram ligando para o meu ramal. Fiquei esperando por ela no corredor. Quando ela chegou, com o rosto ainda vermelho pelo exercício, percebeu imediatamente na expressão do meu rosto que algo estava errado.

– Aconteceu um problema com Bob – expliquei.

Ela caiu de joelhos, dizendo:

– Meu Bob? O que aconteceu com ele? Não pode ser!

Coloquei o braço dela sobre meu ombro, outra amiga pegou-a pelo outro braço e nós a carregamos até o carro e a levamos até a emergência do hospital. Quando chegamos, Bob já estava totalmente consciente, sua vida salva por uma injeção de adrenalina. Fiquei pensando: "Será que eu cairia de joelhos se soubesse que algo estava errado com Mark? Eileen ama Bob mais do que eu amo Mark?"

A resposta para essa pergunta poderia muito bem ser sim. Eileen e Bob já não eram jovens, mas se comportavam como dois adolescentes apaixonados. Mark e eu tínhamos muito a aprender com eles.

Eileen escreveu sua resposta ao meu e-mail como se fosse mesmo um manual de instruções.

Todos os dias, diga a sua esposa que você a ama, de um jeito doce e sincero. Sem nenhum motivo específico, olhe para ela, toque seu rosto ou beije seu pescoço e elogie sua beleza, interior e exterior.

Faça coisas especiais para ela, coisas que ela realmente aprecie. Por exemplo, eu adoro tomar café na cama. Ele sempre prepara um delicioso café da manhã para mim e me acorda com um beijo.

Passeiem a pé juntos e de mãos dadas. De vez em quando, parem e troquem um beijo .

Sejam parceiros, trabalhem juntos, incentivem um ao outro. Isso contribui para um casamento melhor. Por exemplo: nós sempre preparamos o jantar juntos, enquanto bebemos vinho e conversamos. É um momento muito romântico para nós. Começamos com um brinde.

E, por último, mas não menos importante, está o sexo. Dedique um tempo a isso. Esse é o verdadeiro teste para saber se vocês têm um bom relacionamento.

Essa mensagem me ajudou a enxergar que o que eu estava querendo não era exatamente romance. Era união. Era companheirismo. Era estar junto.

Se você deseja que ele seja romântico de uma maneira específica, crie um Manual de Instruções Românticas para ele seguir.

Peguei novamente *Hot Monogamy* e folheei até encontrar o capítulo sobre romance. A Dra. Love havia listado 45 gestos românticos e recomendado que os classificássemos numa escala de 0 (nada romântico) a 4 (altamente romântico). Fiz duas cópias da lista, uma para mim e outra para Mark. Enquanto ia avaliando cada item, percebi que havia vários gestos considerados românticos que eu preferia que meu marido jamais fizesse.

Por exemplo, me dar um banho. Eu não gostaria que ele fizesse isso, a não ser num caso extremo, como se eu ficasse paralítica. Também não estava interessada em tomar banho junto com ele. Havíamos feito isso algumas vezes no início do relacionamento. Nunca achei bom. Prefiro lavar meus cabelos, depilar as pernas e me ensaboar sossegada, sem ter que dividir o jato de água quente com outro ser humano. Eu não queria jamais que ele planejasse uma festa surpresa de aniversário. É claro que gosto de surpresas e acho algumas incrivelmente românticas. Entretanto, uma festa de aniversário surpresa não está entre elas.

Eu também não tinha a menor vontade de receber uma poesia escrita por ele. Não entendo poesia; nunca entendi. Eu também não sou muito fã de presentes caros. Todo o nosso dinheiro está numa conta conjunta. Quando qualquer um de nós precisa comprar alguma coisa cara, conversamos sobre o assunto e decidimos juntos. Se ele me desse um colar de mil dólares, eu provavelmente ficaria uma fera por ele não ter me consultado e o devolveria para a loja.

No entanto, outras sugestões na lista do livro da Dra. Love me deram água na boca. Dizer "Eu te amo" ganhou a nota máxima. O mesmo aconteceu a "Dar um presente inesperado". Kaarina me dava esse tipo de presente o tempo todo: me trazia conchas que encontrava na praia, pedras que encontrava num rio e desenhos que fazia em pedaços de papel. Também atribuí nota 4 para "Passar um fim de semana viajando sozinhos", "Ficar em casa juntos sem ninguém para atrapalhar" e "Dormir de conchinha".

Trocamos as nossas avaliações. Achei as dele esclarecedoras.

Descobri que ele adorava receber massagem e que gostava quando eu o elogiava na frente dos outros, dava presentes inesperados, convidava-o para jantar, planejava uma viagem surpresa e dormia de conchinha com ele.

Fiquei estarrecida, porém, ao saber que ele gostaria de ir a eventos culturais. Esse era aquele mesmo marido que vivia com graxa sob as unhas? Como assim? Ele queria que eu o levasse a um balé ou a uma ópera?

– Por quais tipos de evento cultural você se interessa?
– Jogos de futebol e beisebol.
– Esses não são eventos culturais. São eventos esportivos.
– São culturais.

Gentilmente, expliquei:
– Há um item específico na lista sobre esportes. Você quer que eu o leve a um evento esportivo ou a um evento cultural?
– Aos dois.

Conversamos sobre nossas listas, sobre o que nos surpreendeu e sobre o que já esperávamos. Eu estava inspirada. Sabia o que queria e do que precisava. Estava pronta para escrever o Manual de Instruções Românticas de Mark.

Toque-me, não porque você quer fazer sexo, mas porque me ama. Toque na parte de trás do meu braço e no meu pescoço. Segure a minha mão. Coloque a palma de sua mão no alto das minhas costas.

Beije-me. Beije o meu rosto, minha testa, minha nuca. Caminhe em minha direção na frente de outras pessoas, beije-me nos lábios e diga: "Era exatamente disso que eu precisava."

Corteje-me. Mostre-me coisas incríveis. Lembre-me de assistir ao pôr do sol. Maravilhe-se diante das estrelas ao meu lado. Sente-se comigo para ouvir os grilos.

Esteja ao meu lado. Caminhe comigo. Pedale na bicicleta para dois comigo. Assista aos filmes de James Bond comigo.

Diga-me que sou linda. Diga isso de manhã, quando meu cabelo estiver horroroso. Diga isso quando eu me arrumar. Diga quando eu entrar na sua loja. Diga sem nenhum motivo.

Diga que me ama. Repita isso sempre que sair para trabalhar, quando voltar para casa e antes de dormir.

Surpreenda-me. Mande-me um pequeno presente, mesmo que não seja o meu aniversário ou o Dia das Mães.

Colha flores para mim. Leve-me a algum lugar diferente. Escreva um bilhete e esconda na minha bolsa. Mande-me um torpedo pelo celular.

Ajude-me. Quando eu parecer incomodada ou oprimida, faça mais. Ofereça ajuda e, se eu não disser o que você deve fazer, faça o que achar que deve.

Instigue-me. Encoraje-me a enfrentar meus medos. Reacenda meu senso de aventura. Ajude-me a relaxar. Faça com que eu ultrapasse meus limites. Leve-me a uma montanha-russa. Vede os meus olhos e me dê comida na boca.

Leve-me a novos lugares e a novas aventuras. Leve-me para conhecer culinárias exóticas. Explore o mundo comigo.

Ouça.

Depois de imprimir o manual, entreguei uma cópia a Mark. Ele leu.

– Isso ajuda bastante – disse ele.

Certa vez, fiquei sem nenhum casaco limpo. Era Mark que lavava as roupas. Eu sabia que, se ligasse a máquina de lavar, ele ia acabar reclamando de alguma coisa. Mas era uma emergência. Ou eu ligava a máquina ou morria de frio. Escolhi a primeira opção. Aproveitei e coloquei outras coisas para bater junto.

E isso resultou em casacos limpos e uma briga feia.

A briga começou horas depois, quando ele entrou na sala onde eu estava sentada, revirou os olhos e, naquela voz sarcástica que lhe é peculiar, disse:

– Alisa, você quase inundou o porão. Eu tinha colocado várias toalhas de molho no tanque e, quando a máquina esvaziou ali dentro, o tanque transbordou. Eu já pedi a você para não se meter na lavagem das roupas.

– Não me diga! Você não lavou os meus casacos e a culpa é minha? Foi você quem colocou as toalhas no tanque, e não eu – retruquei.

– Claro que a culpa é sua. Sou eu que lavo a roupa. Se você não tivesse ligado a máquina, nada disso teria acontecido.

Ora, eu tinha feito um favor a ele adiantando a lavagem de algumas peças! Se ele guardasse a louça, por exemplo, mesmo que colocasse tudo no lugar errado, eu agradeceria enormemente.

Ele estava de pé ali, enfurecido, esperando que eu admitisse que ele estava certo e eu, errada, mas eu não ia fazer isso. Eu não estava errada! Ele é que estava!

Certo?

Eu havia lido que a raiva vem à tona quando engolimos as palavras mais importantes. "Estou deixando de dizer alguma coisa", pensei. Mas o que seria? Por que continuávamos presos a essa ridícula guerra de poder?

O único pensamento não dito que me veio à mente envolvia dois palavrões que não são considerados apropriados para dizer em público. Por isso, o que eu disse foi:

– Você precisa mesmo culpar alguém?

– Eu não estou culpando ninguém.

– Está, sim. Você está falando comigo num tom irônico. Odeio quando você fala desse jeito. Machuca.

– Machuca?

– Machuca, sim.

– Como foi que eu falei?

– Como se eu fosse burra.

– Eu não acho que você seja burra. Você é muito mais inteligente do que eu. Como eu devia ter falado?

– Devia ter falado do jeito que eu estou falando com você agora. Só estou explicando como me sinto e deixando claro por que me sinto assim.

– Então me mostre. Eu vou fingir que sou você. – Ele moveu os dedos como se estivesse digitando num teclado imaginário. Olhava para baixo e depois para cima, como se estivesse olhando para o teclado, depois para o monitor invisível.

Suspirei alto.

– Oh, está bem – concordei, suspirando mais uma vez, como ele costumava fazer. Sim, querida leitora, isso era sarcasmo. E, sim, você estaria absolutamente certa se me dissesse que parecíamos o roto falando do esfarrapado.

Estávamos quites.

– Meu benzinho – comecei, escolhendo as palavras que eu gostaria que ele tivesse usado –, estive lá embaixo e vi que você ligou a máquina de lavar. É claro que você não poderia adivinhar, mas eu tinha colocado algumas toalhas de molho no tanque e, quando a máquina esvaziou, quase inundou o porão. Como eu sempre ponho as toalhas de molho ali e nunca me lembro de avisar a você, é melhor que eu sempre lave a roupa. Sei que você estava tentando me ajudar e agradeço por isso.

A boca de Mark formou um O aberto por alguns segundos. Então, rapidamente, sem nenhuma pausa entre as palavras, ele disse:

– VouFalarAssimDaPróximaVez.

– Obrigada – respondi.

Ele abriu os braços. Cheguei perto e apoiei meu rosto no peito dele. Ele me abraçou.

– Desculpe. Eu não acho você burra – ele sussurrou.

> Nunca pressuponha que você sabe o que seu marido está pensando. Pare de tentar interpretar tons de voz e linguagem corporal. Em vez disso, pergunte: "Você acha que sou burra?"

Como presente de aniversário, pedi algo simples e barato. Queria que Mark encontrasse o meu ponto G. Até ler *Hot Mo-*

nogamy, eu acreditava que o ponto G fosse uma mentira. Assim como a ideia de orgasmos múltiplos, eu estava convencida de que o ponto G era apenas um boato cruel que a indústria havia criado para fazer algumas mães como eu se sentirem ainda mais frustradas.

Então, li no livro da Dra. Love o capítulo sobre esse assunto. Ela dizia que esse controverso ponto está localizado na parte superior frontal da vagina. Supostamente, ele ficava logo atrás do meu osso pubiano e, se meu marido algum dia fosse capaz de encontrá-lo, eu teria não apenas o mais intenso orgasmo de toda a minha vida, como talvez tivesse um após outro, até ficar tão exausta que tivesse que implorar para que ele parasse. Eu estava ansiosa por essa busca, então entreguei o livro a Mark e pedi que ele lesse até o dia do meu aniversário.

Na manhã do grande dia, eu e Mark tivemos um encontro em casa para uma transa matinal. Olhei para o *Hot Monogamy*. Eu tinha certeza de que ele nem sequer havia aberto o livro. Insisti que ele lesse enquanto eu tomava um banho.

Saí do chuveiro e me enrolei numa toalha. Deitei na cama e esperei que ele viesse ao meu encontro. Sentia-me esplêndida. Meu corpo estava mudando. Nosso relacionamento estava mudando. Tudo estava mudando.

Ele caminhou até a cama. Beijou cada parte do meu corpo. Eu estava tão louca de desejo que tive medo de ter um orgasmo antes de ele terminar de beijar a parte interna das minhas coxas. Consegui me segurar, mas, no momento em que ele chegou ao martíni, eu estava fora de mim. Pensei em dizer a ele que começasse a busca pelo ponto G antes que fosse tarde demais, mas, antes que eu pudesse dizer qualquer coisa, já era tarde demais.

– Isso foi fantástico – eu disse, sem fôlego.
– Obrigado – ele respondeu.
Ficamos deitados um ao lado do outro por alguns instantes. Perguntei se ele havia mudado sua técnica de sexo oral. Mencio-

nei que não me lembrava de ter ficado tão excitada no passado. Ele respondeu que não.

– Foi o martíni – disse Mark.

> Não importa como ele lhe dê um orgasmo – com uma massagem no clitóris, sexo oral, estimulação do ponto G ou qualquer outro método. O que realmente importa é que ele considere importante fazer tudo o que estiver ao seu alcance para satisfazê-la na cama.

Passei o resto do dia num spa recebendo massagem com pedras quentes e fazendo as unhas dos pés e das mãos. No final da tarde, busquei Kaarina no jardim de infância e voltamos para casa. Ela queria usar o escorrega que tinha ganhado de aniversário. Troquei a roupa dela e peguei a mangueira. Ouvi-a dar risadas enquanto descia no escorrega e caía na piscina inflável. Mais de 20 borboletas estavam pousadas num arbusto. O esguicho da água da mangueira fez um arco no ar, refletindo pedacinhos de luz. O sol estava baixo e criava listras amarelas sobre a grama. Minha pele estava fria por causa da água.

Kaarina arrancou a mangueira das minhas mãos e saiu correndo pelo quintal atrás de mim. Ela me deixou ensopada, mas eu não me importava e ria. Acho que não me divertia tanto desde que tinha a idade dela.

Depois desse banho, nós nos vestimos. Kaarina estava faminta, mas eu não conseguia convencê-la a calçar os sapatos nem vestir o short. Cada vez que me aproximava, ela cruzava os bracinhos, batia o pé e dizia:

– Não quelo botar o sapato!

Avaliei minhas opções. Eu poderia vesti-la à força. Poderia ameaçar confiscar alguns brinquedos. Poderia deixá-la ficar só de calcinha e descalça.

Coloquei o short e os sapatos dela na minha bolsa, peguei as chaves de casa e disse que iria sair com ou sem ela. Kaarina correu para o carro só de camiseta e calcinha.

Fomos até a loja buscar o papai e, em seguida, nos dirigimos a um restaurante nas redondezas. Pedi a Mark que tentasse colocar o short e os sapatos nela. Quando ele terminou, parecia que havia sobrevivido a uma tourada na Espanha.

Sentamos a uma mesa ao ar livre. O lugar era cercado de árvores, com uma enorme fonte em estilo japonês e algumas carpas nadando. Tomei um gole de vinho. Relaxei. Deixei Mark lidar com o mau humor de Kaarina. Quando ela dizia que queria ir ao banheiro, eu permanecia sentada e quieta, então ele a levava. A comida chegou. O humor de Kaarina melhorou quando ela começou a comer seu macarrão. Ela cantou:

– Palabéns pla você, nesta data quelida, muitas felicidades, muitos anos de vida. Mã-mãe, mã-mãe!

As pessoas que estavam na mesa ao lado aplaudiram os esforços dela.

Voltamos para casa. Mark a colocou na cama, lemos os livros, até que ela adormeceu.

Assistimos a *CSI: New York*. Nós não víamos televisão juntos havia muitos meses. Depois de um tempo, fomos para a cama. Coloquei minha mão sobre o peito dele e senti o calor de seu corpo. Fechei os olhos e me senti agradecida.

> Se você estiver estressada porque não consegue colocar a roupa no seu filho, peça ajuda. Mas peça alto. Seu marido não pode ouvir as palavras dentro de sua cabeça. Seja o mais específica possível. "Preciso de ajuda" é bom, mas "Você poderia vestir esta criança antes que eu a estrangule" é ainda melhor.

Quando comecei a ler o capítulo sobre romance, esperava conseguir recriar a sensação do primeiro instante em que percebemos que nos sentíamos atraídos um pelo outro. Não foi isso o que fizemos, mas não importa. Romance pode ter a ver com frio na barriga, olhares profundos e atração selvagem, mas aprendi que, depois de oito anos de casamento, o romance se torna uma questão de:

Toque: Cerca de um mês antes de me casar, minha mãe reuniu as melhores amigas dela para uma despedida de solteira. Uma por uma, aquelas mulheres ofereceram seus conselhos para um casamento longo e feliz. Com o passar dos anos, me esqueci de muitos deles, mas um ficou para sempre comigo: "Faça amor com seu marido do momento em que acordar até a hora de ir dormir." Isso queria dizer que eu precisava praticar gestos de carinho o dia inteiro, olhar nos olhos, sorrir e tocar. Ela me disse para sempre me esforçar para lembrar isso porque, depois de estar casada por muito tempo, eu acabaria me esquecendo. E no instante em que eu me esquecesse, os toques desapareceriam. Quando os toques desaparecessem, o desejo também desapareceria. Quando o desejo desaparecesse, o sexo também desapareceria.

No livro *Emotional Fitness for Couples* (Malhação emocional para casais), Barton Goldsmith afirma que casais porto-riquenhos se tocam 180 vezes por dia. Os franceses, 110 vezes por dia. Os americanos só se tocam duas vezes por dia. Quando mencionei essa estatística a uma amiga, ela me disse: "Acho que eu e meu marido não nos tocamos com tanta frequência."

Mark e eu vínhamos nos tocando mais, muito mais. Estávamos até nos abraçando à noite, antes de dormir. Quando ele voltava mais cedo do trabalho e eu estava no computador, ele massageava meus ombros. Quando estávamos no carro e eu de repente me perdia em pensamentos, ele pegava a minha mão e a segurava com delicadeza até eu voltar para o presente. Quando eu telefonava para ele na loja, ele respondia com seu mais entusiástico tom de voz, não importa quantos clientes estivessem esperando para serem atendidos. Quando íamos a festas, ele ficava ao meu lado em vez de sair correndo procurando os amigos; mas, quando ele saía de perto de mim, ao voltar sempre tocava meu braço ou minhas costas e abria um sorriso que queria dizer: "Estou feliz por ter me casado com você. Você é a melhor coisa que aconteceu na minha vida."

Adoração: O romance está em dizer obrigada pelas grandes e pelas pequenas coisas, e por tudo o que acontece entre elas. Ser romântico é elogiar. É dizer ao seu marido "Você está lindo com esses óculos escuros" ou "essa camisa está realçando o seu tórax", enquanto passa as mãos no peito dele.

Meu marido precisava se sentir reconhecido pelas pequenas coisas. Eu reagi contra essa necessidade durante muitos anos. Por exemplo, alguns meses atrás ele esvaziou a máquina de lavar louça e declarou:

– Você viu que eu esvaziei a máquina?

Ele estava esperando um elogio, mas eu respondi:

– Eu esvazio a máquina de lavar louça todos os dias e ninguém me cumprimenta por isso.

Hoje, compreendo que essas respostas irritantes feriam a mim e a ele. Não apenas faziam com que Mark se sentisse mal, mas também eram uma maneira de garantir que ele jamais esvaziaria a máquina, daria comida ao cachorro ou faria qualquer outra tarefa que facilitasse a minha vida. Era fácil satisfazer a necessidade do meu marido de receber elogios e era mais agradável fazer isso do que responder com ignorância.

Uma manhã, agradeci afetuosamente quando ele levou o cachorro para passear. Eu saio com Rhodes todas as manhãs e ele nunca me agradece, mas isso não significava que eu tinha que ser arrogante na rara ocasião em que ele o fez. A grosseria nunca me levou a lugar algum. Os elogios me renderam roupas lavadas e dobradas, um pai mais atencioso e uma série de pequenos favores que deixaram a minha vida bem mais simples.

Ouvir: O romance está em separar um tempo para conversar sobre o que se passa em nossa vida. Está em ouvir o que o outro tem a dizer, sem interromper e sem tentar resolver seus problemas.

Proximidade: O romance está em fazer coisas juntos. Planejamos uma viagem em família até a praia, em setembro, e um fim de semana a dois na Filadélfia, em outubro. Combinamos de sair juntos às sextas-feiras, a cada quinze dias.

Criatividade: O romance está em fazer pequenas surpresas, em mandar mensagens de texto para ele dizendo "Seus lábios são doces como mel" e ele responder "Eu te amo", mesmo que esteja sentado do outro lado da sala.

Aventura: O romance está em sair da rotina, como no dia em que Mark comprou um carro novo e, quando chegou em casa, à noite, perguntou se eu queria dar uma volta.

– Não podemos. Kaari está dormindo – respondi.

– Vamos lá. Ela não vai acordar. Não vai acontecer nada.

Meio segundo depois que ele disse isso, minha mente ficou obcecada pelas várias histórias horríveis que eu conhecia sobre crianças que haviam sido deixadas sozinhas em casa. Mark percebeu a expressão de pânico no meu rosto e disse:

– Onde está o seu celular?

– Está aqui. Por quê? – Entreguei-o a ele. Ele ligou para o meu telefone com o dele, atendeu a chamada e deixou-o ligado ao lado da cama de Kaarina. Depois me entregou o celular dele.

– É como uma babá eletrônica portátil. Você pode ouvir tudo o que se passa no quarto dela.

Com o telefone na mão, caminhei até o carro. Demos uma volta pela vizinhança enquanto ele me contava, animado, as características do carro novo. Foi muito emocionante. Foi algo proibido. Eu o amei por ter me proporcionado isso.

Crescimento: O romance está em eu aprender a pedir ajuda e ele me ajudar sempre que eu pedir e quando eu não pedir. Está em ele fazer com que eu me sinta valiosa e eu fazer com que ele se sinta competente.

Mais importante, o romance é um exercício de dedicação. Seria muito fácil nos tornarmos "sócios" e dividirmos uma casa sem jamais nos tocarmos, nos olharmos nos olhos e dizermos, por meio de palavras ou ações, "Eu te amo". Tínhamos tantos pratos para lavar, contas para pagar, salários para ganhar, bumbuns para limpar, festas para planejar, cartões de Natal para escrever e bagunças para arrumar que poderíamos nos esquecer de prestar atenção um no outro. Entretanto, eu prefiro mil vezes me lembrar de abraçar meu marido do que me lembrar de escrever os cartões de Natal.

Eu estava terminando de ler o capítulo sobre romance, e Kaarina passaria a noite na escola por causa de um evento da turma. Mark e eu teríamos uma noite de folga. Mas ele havia saído com os amigos e eu estava em casa trabalhando. Peguei meu celular e mandei uma mensagem de texto para ele. "Meu martíni está com saudades de vc. Me encontre 9h30 no Farmhouse."

Às seis da tarde, o telefone tocou.

– Oi, gostosa – disse ele.

– Como você está? – ronronei.

– Meu telefone estava sem bateria. Acabei de ver sua mensagem. Vou adorar me encontrar com você.

Pedimos aperitivos. Tomei uma taça de vinho. Ele tomou cerveja. Acariciei a perna dele. Ele beijou meu rosto. Nos olhamos nos olhos. Parecia que tínhamos acabado de nos conhecer, mas também parecia que nos conhecíamos havia 11 anos. Ao contrário daquele dia, 11 anos atrás, quando nos vimos pela primeira vez neste mesmo bar e nos sentamos nestes mesmos bancos, hoje finalmente conhecemos um ao outro. Nesta noite, talvez não houvesse substâncias químicas do amor excitando vertiginosamente o meu cérebro, mas o que eu tinha era muitíssimo melhor.

CAPÍTULO 9

Puf! Ele virou um príncipe outra vez... Será?

Meio de agosto de 2007

> *"Quando uma mulher diz 'precisamos conversar', os homens imediatamente começam a pensar, 'Oh, Deus, o que foi que eu fiz agora?'."*
> — Barton Goldsmith, Ph.d., *Emotional Fitness for Couples*
> ("Malhação emocional para casais")

Pouco mais de dois meses tinham se passado desde o começo do Projeto. Havíamos ressuscitado nossa vida sexual, voltamos a rir e a brincar juntos e resolvemos um monte de problemas. Mark me ajudava a colocar Kaarina para dormir, dava banho nela e, de vez em quando, esvaziava a máquina de lavar louça sem que eu pedisse. Quando levava Karina para a escola, ele mesmo preparava o lanche dela.

Será que havíamos acabado de nos livrar de uma delicada Experiência de Quase Divórcio? Eu achava que sim.

Nosso relacionamento melhorara tão rapidamente que eu me vi duvidando de que algum dia tais problemas chegaram a existir. Nosso casamento já esteve mesmo tão ruim? Eu havia levado a sério a ideia do divórcio?

Eu estava muito orgulhosa de mim mesma, dele e de nós dois.

Por outro lado, estava exausta por causa do esforço constante para salvar nossa relação. Durante dois meses, passei quase todas as noites lendo sobre relacionamentos. Cheguei a ler 12 livros!

Depois de tudo isso, nunca mais queria ver um livro de autoajuda na minha frente. Eu estava louca para ler um romance, folhear uma revista ou ver alguma coisa boba na TV. Eu queria a minha vida de volta.

Quando comecei o Projeto, meus planos eram demorar mais dois meses e trabalhar mais dois assuntos antes de encerrá-lo. Depois do item Romance, a ideia inicial era melhorar nossa comunicação e, em seguida, nossa intimidade. Mas estávamos conversando mais do que nunca. Havíamos resolvido vários conflitos por meio de uma boa comunicação, certo? Eu estava tentada a declarar o Projeto como finalizado.

Talvez não precisássemos trabalhar a comunicação. E talvez a questão da intimidade fosse resolvida por si mesma, com o passar do tempo.

Será que estávamos prontos?

CAPÍTULO 10

Eles aprenderam uma linguagem comum

Meio de agosto de 2007 – continuação

> "Se duas pessoas que não se entendem pelo menos se conscientizarem de que não se entendem, elas se entenderão melhor do que se nem souberem que não se entendem."
> — Gustav Ichheiser, *Appearances and Realities*
> ("Aparências e realidades")

Não, não estávamos prontos.

Sempre senti que havia duas vozes dentro de mim. Uma era de uma cientista, a outra, de uma feiticeira. A cientista só olhava para fatos e números. A feiticeira formava opiniões baseadas em sensações. A cientista confiava em provas. A feiticeira florescia em meio à intuição. A cientista habitava minha cabeça. A feiticeira habitava meu coração e meu estômago. Eu valorizava as informações coletadas pelas duas, mesmo quando elas eram conflitantes.

Que tipo de informação, exatamente, essas vozes me forneceram quando eu decidi acreditar que eu e Mark estávamos prontos? A cientista me trouxe muitos dados, listando tudo o que havíamos alcançado desde o início do Projeto. Ao mesmo tempo, a feiticeira vinha provocando em mim uma sensação ruim. Era a sua maneira de dizer: "Não acredite nela. Vocês dois têm muitas questões a serem resolvidas. Eu posso até não ser capaz de enumerá-las como a Madame Cientista faria, mas sei que vocês não estão prontos." Essa sensação ruim continuou por mais de uma semana, enquanto eu fazia o maior esforço para ignorá-la.

Tirei a pilha de livros de autoajuda de minha mesa de trabalho e os organizei, um a um, na estante. Mandei e-mails para algumas amigas contando que meu casamento estava são e salvo. Uma delas me respondeu com uma pergunta: "É possível mesmo salvar um casamento em dois meses?" Respirei fundo e pensei: "O que ela entende disso? Ela nem é casada."

Comemoramos o fim do Projeto saindo para jantar. Quando Kaarina quis ir ao banheiro, Mark a levou sem dizer nada, embora ainda houvesse um pedaço de pizza em seu prato. A cientista sussurrou: "Está vendo? Agora ele é um ótimo marido." Ele ficou com Kaarina no colo durante quase todo o jantar, apenas para que eu pudesse comer em paz. Diante disso, a cientista falou: "Você conseguiu, garota. Veja o quanto esse homem progrediu." No caminho de volta para casa, a voz da ciência insistia: "Viu, ele é uma verdadeira gracinha. Está corrigido. Declaro esse casamento curado."

Quando chegamos, Mark ligou o computador e se perdeu na internet. Fui até a cozinha esvaziar a máquina de lavar louça. Kaarina foi atrás de mim.

– Mamãe, podemos ver um filme?

Cada célula do meu corpo queria ir para a cama. Olhei bem para os olhos castanhos e redondos e a pele de porcelana rosa da minha filha. Eu tinha duas opções: encontrar energia para ajudá-la a montar um quebra-cabeça, pintar ou brincar de esconder, ou simplesmente deixá-la assistir a um filme. Eu conhecia as pesquisas sobre a relação entre as crianças e a TV. Sabia que, quanto mais tempo elas passam na frente da televisão, maior é a chance de desenvolverem problemas de comportamento e de atenção. Kaarina já havia gasto toda a sua cota de TV.

Mas eu estava tão cansada.

Eu não queria que ela sofresse de um distúrbio emocional.

Mas eu estava *tão* cansada.

"Um dia de excesso de televisão não vai destruir a vida dessa criança para sempre", pensei. Essa era a cientista falando. Ou seria a feiticeira? Muitas vezes, eu não conseguia distinguir de quem era a voz.

Mas eu tenho certeza de que foi a feiticeira quem falou em seguida. Ela se expressou por meio da tensão que se formava dentro de mim e do peso em meu coração e declarou: "Se o seu marido não estivesse tão absorvido pela internet, ele poderia brincar com Kaarina, e então ela desistiria da ideia de ver o filme." Ignorei-a mais uma vez. Afinal, eu já havia concordado com a cientista. Meu casamento estava bem. Eu não tinha mais problemas com meu marido. Estávamos nadando em felicidade conjugal.

Entretanto, eu não conseguia me livrar dela. "Você não está ressentida?", ela perguntou.

"Me deixe em paz", respondi.

Poderia ter batido no ombro de Mark e explicado que estava exausta. Podia ter pedido a ele que largasse o computador e brincasse um pouco com a nossa filha. Mas parecia tão mais fácil deixá-la assistir à TV.

– O que você quer ver, querida? – perguntei.

Ela escolheu um filme antigo, em VHS. Para fazer o videocassete funcionar, era preciso desconectar alguns cabos do DVD e conectá-los no aparelho. Tenho que admitir que não sou muito boa de tecnologia. Tirar o cabo de uma cor do DVD e inseri-lo no buraquinho da mesma cor no videocassete não é uma tarefa tão difícil para a maioria das pessoas, mas, para mim, é. Foi só eu desligar o cabo e os problemas começaram. O cabo vermelho era a saída de áudio ou de vídeo? Eu tinha que tirar todos os cabos ou só o de vídeo? Qual era o de vídeo mesmo?

– Está precisando de ajuda? – Mark perguntou.

– Estou.

Entreguei a ele os fios.

– De onde você tirou esses fios?

– Do aparelho de DVD.

– Eu sei, mas de onde? De que entrada você os tirou?
– Não me lembro; esse é o problema.
Ele falou devagar, como se eu fosse uma criança do jardim de infância que estivesse aprendendo a amarrar os sapatos:
– Você quer que eu mostre como se faz isso?
– Não. Quero que você faça para mim.
Ele poderia ter me dado a melhor aula do mundo sobre como conectar cabos e eu me esqueceria de tudo enquanto saía da sala. Então, para que tentar? Estou falando sério. Seria uma total perda de tempo. Eu deveria ter dito isso a ele, para que ficasse bem claro por que eu não queria aquela aula.

A secretária eletrônica estava piscando. Alguém havia ligado enquanto estávamos jantando. Apertei o botão e ouvi minha mãe perguntando sobre Kaarina. Nas últimas semanas, Kaarina estivera doente, apresentando um problema atrás do outro, e mamãe ameaçou vir até aqui para levá-la ao médico. Suspirei e retornei a ligação. Expliquei a mamãe que a saúde de Kaarina havia melhorado e que ela não precisava ir para o hospital. Enquanto isso, podia ouvir as vozes alteradas a alguns metros dali. Kaarina ficava dizendo "Quero ver o meu filme" e Mark respondia mil vezes "Estou tentando consertar o videocassete para você ver o seu filme". Os dois falavam ao mesmo tempo, repetindo a mesma frase inúmeras vezes, cada vez mais alto. Ouvi "Se você não parar de me pedir para colocar o vídeo, vou jogá-lo na prisão de brinquedos e você vai ficar de castigo no seu quarto".

Desliguei o telefone. Eu já o tinha visto irritado tantas vezes que sabia que Mark estava a ponto de perder as estribeiras.

– Filhinha, quer ajudar mamãe a fazer pipoca? – perguntei, com suavidade.

– Quelo! – ela respondeu.

– Então, vamos lá.

Kaarina correu para a cozinha. Ela subiu numa cadeira e eu lhe dei a embalagem com o milho de pipoca. Ela a colocou no micro-ondas. Quando ficou pronto, coloquei a pipoca numa tigela, preparei um suco e nós duas voltamos para a sala. Eu a acomodei na poltrona preferida de Mark com a pipoca e o suco nas mãos.

– Eu não sei o que você fez aqui, mas agora isso não quer funcionar – Mark resmungou.

Ele achou mesmo que eu destruí o videocassete só para aborrecê-lo? Sério?

A cientista estava tagarelando. "Essa é uma situação anormal. Ele não fala mais com você desse jeito. Ele só está irritado. Isso não quer dizer nada. Além do mais, se você estivesse no lugar dele, estaria falando coisas piores." Ela tinha certa razão. Se eu estivesse no lugar dele, Kaarina teria aprendido no mínimo três palavras novas que lhe causariam problemas se ela as repetisse na escola.

Alguns minutos depois, Mark puxou uma fita que Kaarina havia enfiado de cabeça para baixo enquanto eu estava tentando conectar os cabos. Mark virou a fita para o lado certo, recolocou-a e o filme começou. Kaarina ficou hipnotizada e nós fomos para a cozinha.

– Você entendeu o que acabou de acontecer? – perguntei, sorrindo:

– Como assim?

– Você me culpou. Você se lembra de quando conversamos sobre isso e eu falei que essa atitude me ofende?

– Não me lembro, não. Já que estamos falando disso, é preciso deixar claro que você me atrapalhou – disse ele, categoricamente.

– Eu atrapalhei você? – Meus músculos estavam tensos, meu rosto, quente e minha garganta, apertada.

– Isso mesmo. Se você não tivesse desconectado todos os cabos, eu saberia o que fazer com eles.

Pensei: "Por que ele tem que ser tão difícil?" (Na verdade, pensei algo muito, muito pior, mas meu editor me pediu para guardar as verdadeiras palavras para mim mesma.) Mas o que eu disse foi:

– Se você não estivesse tão concentrado no *meu* computador, eu não teria desligado os cabos porque *você* teria feito isso – falei, um pouquinho mais alto do que seria necessário, considerando que ele estava bem na minha frente.

– Podemos admitir, pelo menos, que você não deveria ter ficado pendurada no telefone enquanto eu estava tentando resolver o problema? – As palavras saíram lentamente, a voz num tom monótono, o olhar igual ao de um pitbull raivoso.

– Podemos então admitir que, se você não estivesse na internet, Kaarina não teria colocado a fita do lado errado porque alguém teria prestado atenção ao que ela estava fazendo?

E, assim, fomos em frente. Eu dizia "mas você fez isso" e ele disparava "e você fez aquilo". Eu dizia "se você não tivesse feito isso" e ele respondia "se você pelo menos tivesse feito aquilo". E a briga continuou. Eu culpando ele. Ele me culpando.

Eu queria colocar um ponto final nessa história e conversar como dois adultos, mas uma voz dentro de mim estava choramingando: "Por que eu é que sempre tenho que agir como adulta? Por que ele não pode dar o braço a torcer de vez em quando? Eu o odeio. Nosso casamento acabou. Aliás, para começo de conversa, por que eu me casei com ele?"

Ficamos de pé, encarando um ao outro, de braços cruzados. Olhei bem para ele. Ele olhou bem para mim. Então nos separamos. Ele foi para o porão. Eu acabei de esvaziar a máquina de lavar louças. Joguei os talheres na gaveta, misturando garfos, facas e colheres, fazendo o máximo de barulho possível. O barulho era terapêutico. Era melhor do que enfiar uma das facas no peito do meu marido.

Peguei a coleira de Rhodes e saí com ele para caminhar às sete e meia da noite, em meio a um nevoeiro úmido e escuro. Durante os primeiros cinco ou dez minutos, um único pensamento ocupava a minha mente e, mais uma vez, ele incluía palavrões que foram censurados. Passei os dez minutos seguintes conversando comigo mesma, tentando me lembrar de quanto já havíamos alcançado, de que Mark não era o Sr. Ex e de que ele realmente me amava, embora nem sempre demonstrasse. Prometi a mim mesma que iria pesquisar algumas técnicas de comunicação para exercitarmos juntos.

Parte de mim queria se acalmar. Outra parte se agarrava à raiva como se ela fosse um colete salva-vidas.

Quando voltei para casa, encontrei Mark mexendo no computador. Sentei ao lado dele e tentei explicar meus sentimentos de uma maneira tranquila. Nós nos abraçamos, mas a tensão permaneceu no ar pelo resto da noite. Ela estava ali quando ele deu um banho em Kaarina. Estava ali quando me perguntou se eu poderia dobrar as roupas que estavam na secadora.

Mais tarde, ouvi Mark lendo o livro na cama para Kaarina dormir. Fechei os olhos, tentei relaxar e então, finalmente, a barreira desabou. Toquei as costas dele com a palma de minha mão e senti uma conexão entre nós. As lágrimas corriam pelo meu rosto, lavando toda a raiva. Eu realmente o amava. Sim, eu o amava, mesmo que tivesse vontade de matá-lo de vez em quando.

Conseguimos conversar sobre o incidente como adultos normais. Pedimos desculpas um ao outro e prometemos que iríamos trabalhar nossa habilidade de comunicação.

Voltei-me para o livro de Barton Goldsmith, *Emotional Fitness for Couples*. O autor me disse que, apesar da explosão da noite anterior, Mark e eu éramos excelentes comunicadores, pelo menos quando comparados aos casais que ele costumava tratar. Por exemplo, ele mencionou que os casais que brigavam mais de 20% do tempo não permaneciam juntos. Nós não brigávamos tanto assim, certo?

Goldsmith também afirmou que as grandes discussões eram uma parte normal da vida a dois. Disse que algumas brigas acontecem exclusivamente por que um dos parceiros está cansado, faminto ou doente. Lembrei-me de nossa briga idiota sobre o videocassete. Não discutimos por causa do aparelho, mas porque estávamos irritados. Havíamos dormido pouco na semana anterior por causa da doença de Kaarina. Na primeira noite, não dormimos porque ela não parou de tossir. Na segunda, ela teve dor no estômago. Na terceira, ela não parava de reclamar de uma incessante coceira, resultado de uma alergia.

> Dividam o privilégio de dormir até mais tarde nos fins de semana. Ele pode acordar cedo para ficar com as crianças um dia para que você possa dormir um pouco mais. No dia seguinte, você acorda cedo para que ele possa acordar mais tarde. Dessa maneira, vocês dois estarão mais descansados e terão menor tendência a brigar por besteiras.

Goldsmith disse ainda que o casal se afastar depois de uma briga – como nós fizemos quando Mark foi para o porão e eu, para a máquina de lavar –, era normal e saudável. Disse também que teria sido impossível conversar racionalmente enquanto estivéssemos focados na raiva e na culpa. Era importante tirar um tempo para esfriar a cabeça.

Se nos acalmássemos, resolvêssemos o problema e nos desculpássemos por possíveis ofensas, poderíamos continuar casados e felizes. Segundo ele, resolvendo os conflitos, nós aprenderíamos a lição e, da próxima vez que Kaarina pusesse uma fita do lado errado no videocassete, a briga não seguiria o mesmo caminho.

A preocupação de Goldsmith era maior com os casais que nunca brigavam do que com os que brigavam com frequência. Não encarar os conflitos – a velha história de varrer a poeira para debaixo do tapete – era o que realmente envenenava a relação. Foi isso o que aconteceu conosco quando nos tornamos pais. Nós ignoramos os problemas, esperando que eles desaparecessem com o tempo. Eu dizia a mim mesma: "Tudo vai melhorar quando

Kaarina crescer um pouco", "Tudo vai ficar mais fácil quando a loja se estabelecer", "As coisas vão melhorar quando minha carreira se firmar". Nada ficou mais fácil. Pelo contrário, as coisas ficaram cada vez mais difíceis. Os ressentimentos foram se acumulando até não sabermos mais como reciclar o lixo do nosso casamento e transformá-lo novamente em algo de valor, algo que valesse a pena salvar.

> Quando tiver qualquer dúvida, abra o jogo.
> É melhor dizer algo da maneira errada do
> que não dizer nada.

Ainda assim precisávamos aprender a conversar um com o outro sem ficar na defensiva. Tínhamos que aprender a não usar nenhuma das formas de briga injusta mencionadas por Goldsmith: o tratamento do silêncio (*Estou com muita raiva de você, mas não vou dizer por quê. Vou fazer você adivinhar batendo as portas e fazendo barulho com os talheres. E quando você me perguntar se alguma coisa está errada, eu vou dizer: "Está tudo ÓTIMO."*), a resposta agressiva (*Você quer que eu dobre a roupa limpa? Isso é trabalho seu!*), e a intimidação (*Você é um idiota. Não sei como uma pessoa sensata como eu pode ter se casado com você. Vou fazer minhas malas agora mesmo.*). Nenhum de nós dois usava a intimidação, mas, ocasionalmente, ambos impunham o tratamento do silêncio. Os meus silêncios não eram tanto do tipo "Estou com raiva e quero que você prove que me ama adivinhando por que estou com raiva", mas eram ligados ao medo de que Mark menosprezasse minhas preocupações, considerando-as sem importância.

> Não deixe o medo impedi-la de falar o que pensa.
> Se você ficar quieta, nada vai mudar. Você está
> cansada de não mudar. É por isso que está lendo

este livro. Mexa-se. Corra atrás da mudança que você precisa alcançar.

Eu não conhecia os motivos do silêncio de Mark, mas sabia que eles existiam. Meu marido vivia dizendo que não tinha problemas comigo e que nosso casamento era perfeito. Não era possível que ele se sentisse assim. Simplesmente não era possível. Nosso maior problema de comunicação, porém, era o jogo da culpa. Alguém começava a discussão culpando o outro, que se sentia ameaçado e reagia culpando o primeiro. Em geral, essas brigas começavam por coisas bobas e seguiam mais ou menos este roteiro:

– Você comeu todo o resto do sorvete.
– E daí? Você comeu todos os *waffles*.
– Pelo menos eu vou ao mercado comprar comida de vez em quando.
– Eu também faço compras.
– Mas eu faço mais.
– Humpf.
– Humpf.

Pensando nisso agora, o jogo da culpa era cômico. Mas, no calor do momento, era dolorosamente sério.

Para dar um fim a essa guerra de poder, Goldsmith propôs que fizéssemos a nós mesmos perguntas do tipo: "O que estou procurando? Eu sou parte do problema? Estou tentando colocar a culpa no outro? Estou usando algum problema antigo para botar mais lenha na fogueira? Como tudo isso começou? Estou apenas tentando ganhar a discussão?" Eu não estava nem um pouco convencida de que essa estratégia iria nos ajudar. Não me entenda mal, eu teria *amado* descobrir uma maneira de lembrar a mim mesma dessas perguntas no meio de uma briga. Entretanto, sabia que, no meio de uma discussão, era mais fácil estar pensando nos meus dois palavrões favoritos.

Só estou sendo honesta.

Então continuei a ler. Escolhi *12 Hours to a Great Marriage* ("12 horas para um excelente casamento"), de Howard Markman. (12 horas? Rá... rá... rá. E pensar que achei que quatro meses já seria demasiadamente otimista...) Markman escreveu sobre "afirmativas do eu" e a técnica do "falante-ouvinte". Essas eram estratégias de comunicação que meus pais haviam aprendido há mais de 20 anos. Elas pareciam fazer sentido. Podia ver como meu marido se sentiria menos ameaçado se eu dissesse "Eu me sinto magoada quando você me culpa", em vez de "Você me magoou". Podia ver como ele aceitaria melhor "Eu estava louca para tomar um sorvete, mas ele acabou" do que "Você comeu todo o sorvete. Que falta de consideração".

A técnica do falante-ouvinte também fazia sentido. Era assim: um de nós falaria sobre um assunto enquanto o outro ouviria. Quando o falante não tivesse mais nada a dizer, o ouvinte repetiria as palavras do falante. Depois trocaríamos os papéis. Era fácil perceber como essa técnica poderia ter evitado a briga sobre o videocassete. Se tivesse sido capaz de recuar e ouvir meu marido em vez de ignorar cada palavra que ele disse enquanto formulava as minhas respostas, poderíamos ter resolvido a questão em um ou dois minutos. E eu não teria misturado todos os talheres, que agora precisavam ser separados novamente.

Não faria mal tentar.

Naquela noite, expliquei a ideia por trás das "afirmativas do eu" e da técnica do falante-ouvinte.

– Por exemplo, em vez de dizer "você quebrou o videocassete", você diria "Estou frustrado porque..."

– Você quebrou o videocassete – ele completou.

Caímos na gargalhada.

– Não é assim que funciona – eu disse, sorrindo. – Você diria "Estou frustrado porque não consigo consertar o videocassete".

Fizemos algumas brincadeiras sobre as frases e então perguntei:

– Existe alguma questão sobre a qual você queira conversar? Poderíamos experimentar a técnica.
– Acho que não.

Se a sua primeira tentativa de uma comunicação respeitosa for um desastre e virar uma briga recheada de insultos, tente outra vez. Não é possível aprender a se expressar de um dia para o outro. É preciso treino. Quanto mais praticar suas habilidades de comunicação, melhor comunicador você será.

Não acreditei quando Mark disse que não tinha nenhum problema que quisesse resolver. Por exemplo, ele sempre parecia incomodado quando eu me aproximava da máquina de lavar roupa. Isso contaria como uma questão? A feiticeira não parava de tagarelar na minha cabeça. "Existe alguma coisa aí", ela repetia. "Você precisa explorar isso."

Então peguei de novo os livros sobre luta de poder. Um deles chegou a listar todas as guerras mais típicas entre os casais:

Passamos tempo demais juntos.	Passamos muito tempo separados.
Você está sempre atrasado (a).	Você sempre quer chegar na hora.
Isso não fica neste armário. Fica na garagem.	Isso não fica na garagem, fica no armário.
Os pratos devem ser lavados imediatamente depois de serem usados.	Os pratos podem esperar até amanhã.
Devemos conversar sobre os nossos sentimentos.	Eu não falo sobre meus sentimentos.
Quero comer no restaurante X.	Quero comer no restaurante Y.
Quero assistir ao programa W na TV.	Prefiro o programa Z.

Não tem problema deixar o tampo da privada levantado.	Não deixe o tampo da privada levantado.
As roupas têm que ser dobradas assim que a máquina de secar parar.	Não tem problema deixar as roupas na secadora até precisar dela outra vez.

O último foi acrescentado por mim mesma.

Segundo os livros, as lutas de poder não são sobre poder. Elas dizem respeito à identidade. Se eu ceder sempre, perco a minha identidade. Se Mark ceder sempre, ele perde a dele. Se nenhum dos dois ceder, vamos brigar eternamente. E ficar repetindo "Eu cedi na última briga, então agora é a sua vez" não ajuda muito.

No nosso caso, entretanto, acho que as lutas de poder eram sobre poder mesmo. A mais comum delas – a roupa suja – era a grande pedra no sapato de Mark e, na maioria das áreas, ele tinha menos poder do que eu. Eu era o chefe da família, e não ele. Ele reconhecia isso e até brincava, me chamando de "patroa" na frente dos amigos e ensinando à nossa filha que "mamãe é a número um; papai é o número dois; Kaari é a número três e Rhodes é o número quatro". Tradução: todo mundo deve obedecer à mamãe. Kaari e Rhodes devem obedecer ao papai. Rhodes deve obedecer a todo mundo.

Eu não pedi esse poder e não fazia a menor questão de tê-lo. Entretanto, ele veio junto com o meu papel de provedora, guru financeiro e especialista em organização doméstica. Mark deveria estar discutindo sobre dinheiro e sobre a tomada de decisões, mas, em vez disso, brigava por causa da roupa suja.

Uma manhã, decidi provocá-lo um pouco para ver se eu conseguia chegar até o fundo da pilha de roupas sujas.

– Você pode me explicar por que não quer que eu lave a roupa?

– Você pode lavar, se quiser.

Não havia sido esse mesmo marido que, algumas semanas antes, me pedira que jamais usasse a máquina de lavar roupa enquanto eu vivesse?

– Pensei que você não quisesse que eu lavasse a roupa.
– Você pode lavar, se quiser. Fique à vontade.
– Acho que não sei lavar direito. Você gostaria de me mostrar como prefere que eu faça?
– Não, pode fazer do jeito que você achar melhor. Se você quiser lavar, claro.

Eu havia aprendido com Goldsmith que os homens, mais do que as mulheres, procuravam fugir dos conflitos. Ao se fechar e não dizer nada, o homem presume que a briga não vai acontecer. Essa revelação me deixou perplexa, pois Mark era ótimo para resolver conflitos com outras pessoas. Por que ele tinha tanta dificuldade de mostrar seus sentimentos para mim?

Fiquei num beco sem saída. Não sabia como resolver a questão da roupa suja, nem tinha certeza de que havia mesmo algo a ser resolvido. E se ele estivesse falando a verdade? E se ele tivesse mudado de opinião e agora realmente não se importasse se eu lavasse ou não a roupa? Será que ele de fato achava que estava tudo bem com a nossa relação? Como eu poderia saber, se ele não me dissesse?

CAPÍTULO 11

E revelaram sua alma

Final de agosto de 2007 – setembro de 2007

> *"Tememos que, se as pessoas nos conhecerem de verdade, elas deixarão de nos amar. E embora tenhamos medo de nos revelarmos, devido à possibilidade de rejeição, é somente revelando a nós mesmos que estaremos abertos à possibilidade de sermos verdadeiramente amados."*
> —Matthew Kelly, *Os sete níveis da intimidade*

Precisávamos de algo sobre o que nos comunicar para que pudéssemos praticar nossas novas habilidades. Juntando a fome com a vontade de comer, resolvi trabalhar a comunicação enquanto desenvolvíamos nossa intimidade.

Voltei-me para Matthew Kelly e *Os sete níveis da intimidade*. De acordo com o livro, todos os seres humanos ambicionam e, ao mesmo tempo, temem ser conhecidos. Quando não se deixam conhecer, sua vida se torna uma experiência incrivelmente solitária. Por outro lado, quando permitem que as pessoas os conheçam, ficam vulneráveis. Para nos fazermos conhecer, precisamos revelar nossas opiniões, nossos sentimentos, sonhos, valores e desejos mais profundos. Precisamos de coragem para sermos transparentes e autênticos.

Já no livro de Markman, descobri uma série de perguntas elaboradas para encorajar as pessoas a compartilhar suas emoções, aquilo que Kelly afirmou ser tão importante.

Copiei as perguntas num bloco de papel e perguntei a Mark se ele tinha tempo para respondê-las.

– Claro, mas eu tinha combinado de me encontrar com Dave no Farmhouse. Vai demorar muito?
– Acho que não.
– O.k., então manda.
– Qual é o sentido da vida? – perguntei.
– Cerveja – ele rebateu.
– Sério, me dê uma resposta de verdade.
– Essa é uma resposta de verdade.
– Você está brincando e sabe muito bem disso – argumentei.
– Então vou mudar minha resposta para "não sei".
Passei para a pergunta seguinte.
– Você acha que o casamento é para sempre? Até que a morte nos separe?
– Acho.
– Existe alguma coisa que eu poderia fazer e que o levaria a me deixar?
– Me trair.
– É justo – concordei.
– Mas, não sei, talvez eu não deixasse você por isso.
– Quer saber o que eu acho?
– Claro – disse ele.
– Se você tivesse me traído, nosso casamento estaria acabado.
Ele se sentou mais perto da borda da cadeira. Suas mãos estavam sobre as coxas. Ele estava tamborilando os dedos.
– Você está com pressa? – perguntei.
– Não.
– Mas parece que está.
– Eu não estava preparado para falar sobre isso esta noite – ele contestou. – Você está me interrogando.
– Só estou tentando conhecê-lo melhor. Quero me sentir mais perto de você.
– Você está me interrogando.
– Eu não sabia que você ia sair esta noite.
– Eu não sabia que você ia me interrogar esta noite.

– Só quero melhorar nosso casamento. Por que você não pode se esforçar um pouco? – indaguei.

– Eu estou me esforçando. Só não estava preparado para isso hoje.

Vi Kaarina parada na soleira da porta, perto da cozinha.

– Mamãe, você pode me colocar para dormir outra vez?

– Claro, querida – respondi, levando-a de volta ao quarto. Aconcheguei-a na cama, coloquei-a debaixo das cobertas. Dei um beijo em sua testa e caminhei em direção ao corredor. Fiquei ali, parada, pensando. Eu não sabia aonde aquela conversa ia levar. Estava frustrada e decepcionada. Pensei em todas as "afirmativas do eu" e na técnica do falante-ouvinte. Comecei a me perguntar se haveria algum sentido naquilo. Não é de admirar que a terapia de casal não dê certo para tantas pessoas. Os psicólogos não podiam inventar nada melhor do que "afirmativas do eu"?

Era óbvio que Mark estava cansado de interpretar papéis, de praticar técnicas de comunicação e de ter conversas profundas e sinceras. Eu também estava. Só puxei aquela conversa porque um dos livros sugeriu; nem sei se adiantaria alguma coisa, se isso nos faria mais próximos. Se eu mesma não acreditava, como poderia convencê-lo de que era de vital importância debater sobre essas questões? Eu não queria que ele estivesse ali contra a vontade. Uma frase do livro de Friel estava cruzando a minha cabeça: "Adultos saudáveis sabem que não podem fazer com que outra pessoa tenha um relacionamento mais profundo do que é capaz de ter."

"Talvez esse seja o melhor que possamos alcançar", pensei.

Voltei para a sala. Aparentemente, Mark estivera pensando.

– Você ainda quer conversar? – ele perguntou com delicadeza.

– Não, se você não quiser estar aqui.

– Podemos conversar outro dia?

– Podemos – respondi. – Mas quero que você leve as perguntas a sério. Isso não é brincadeira.

– Combinado. Que tal segunda-feira à noite?
– Ótimo.

Mark me abraçou e eu retribuí o abraço. Foi um momento longo e terno. Ficamos em pé, parados por algum tempo; depois ele me apertou com mais força e me levantou do chão. Aproximou o rosto do meu e me beijou.

– Eu te amo – disse Mark.
– Eu também te amo – respondi.

Na segunda-feira à noite, sentamos no terraço para nossa discussão oficial sobre intimidade.

– Você está pronto? – indaguei.
– Estou.
– Qual é o propósito da vida?
– Diversão.
– Você está falando sério ou brincando?
– Estou falando sério. Viver é ter prazer.
– Você quer saber qual é o meu objetivo de vida?
– Quero.
– É atingir todo o meu potencial. É ser a melhor mãe, a melhor esposa e a melhor escritora que eu possa ser. É me esforçar ao máximo para ser mais do que eu seria se não me esforçasse ao máximo.

Silêncio.

A expressão de Mark não dava nenhuma pista se ele estava ou não prestando atenção. Na verdade, eu tinha quase certeza de que ele não estava.

– Você está prestando atenção?
– Estou sim, é claro.
– O que eu acabei de dizer?
– Que você quer ser o melhor que pode.
– E o que você acha disso? – indaguei.
– Legal. Parece um bom objetivo.

Conversamos sobre o significado de ser responsável. Conversamos sobre o significado de ser respeitoso.

– O que você acha que acontece quando a gente morre? – perguntei.

– Nada – ele respondeu.

– Você acha que as pessoas simplesmente se decompõem, são comidas pelas larvas e voltam a ser carbono?

– Acho.

– Você quer saber o que eu acho?

– Hã-hã.

– Eu não acredito em inferno nem em um paraíso onde anjos tocam harpas, mas acredito que algo acontece. Não acho que nosso tempo sobre a Terra seja o único que temos. Nós somos mais do que um simples corpo físico. Quando morremos, acho que nossa energia cósmica coletiva se funde. Os hindus acreditam em algo parecido, que a alma de todos se junta em uma grande e única alma. Talvez sejamos todos partes da mesma energia cósmica. Somos separados durante a vida, mas voltamos a nos juntar após a morte.

Continuamos a bater papo. Falamos sobre tarefas domésticas, sobre quem fazia o quê, se um de nós fazia mais do que o outro. Conversamos sobre sentimentos.

– Você se sente desconfortável falando sobre sentimentos?

– Eu me sinto, sim – ele concordou.

– Por quê?

– Sei lá. Eu só me sinto assim – ele explicou. – Homens não conversam sobre sentimentos.

Meses atrás, eu teria dado a Mark uma lista de razões pelas quais ele deveria expor suas emoções. Mas eu havia mudado. Hoje sei que ele pode estar mesmo falando a verdade. No livro do Dr. Goldsmith, li que "Emoções são assustadoras para os homens. Na maioria das vezes, os homens nem sabem o que sentem ou como se sentem". Em algum lugar, eu havia lido que o cérebro das mulheres é capaz de pensar e sentir simultaneamente. Os homens, por sua vez, não conseguem pensar e sentir ao mesmo tempo.

Não concordei que essa afirmação se aplicasse a todos os homens e mulheres da face da Terra. Tinha certeza de que havia homens que lidavam muito bem com seus sentimentos e mulheres com dificuldades nessa área. Entretanto, achei que essas generalizações se aplicavam a nós dois, motivo pelo qual acreditei que meu marido estava sendo honesto quando disse que "homens não conversam sobre sentimentos".

– É porque você tem medo de que eu possa rejeitá-lo se você me contar o que sente? – perguntei.

– Não. Eu só não gosto de falar sobre isso.

– Muito bem, você venceu.

Conversamos sobre dedicação, discutindo a diferença entre sermos dedicados um ao outro porque *queremos* ou porque *temos* que ser. Conversamos sobre a importância de continuar aprimorando nosso relacionamento para que continuássemos juntos.

Li para ele algumas passagens de *Os sete níveis da intimidade*, destacando a frase: "Nosso objetivo essencial é nos tornarmos a melhor versão de nós mesmos."

– Foi isso o que eu quis dizer quando falei sobre o meu objetivo de vida. O que você acha?

– Gostei.

Li outro trecho: "O propósito do casamento é que duas pessoas desafiem e estimulem uma a outra a se tornar a melhor pessoa que puder ser."

– O que você acha? – indaguei outra vez.

– Concordo com isso.

– Eu também.

Conversamos sobre nossos objetivos e sonhos e sobre a "melhor versão" de cada um de nós. Li mais uma frase: "Tememos ser nós mesmos. Tememos que, se as pessoas nos conhecerem de verdade, elas deixarão de nos amar."

– Leia isso de novo – ele pediu. Eu repeti.
– O que você acha? – perguntei.
– Não sei. O que você acha?
– A vida não vale a pena se não deixamos que os outros nos conheçam. Amigos não são amigos de verdade enquanto não nos conhecerem bem.
– É, tem razão – ele concordou.
– Você me conhece de verdade? – indaguei.
– Acho que sim. E você me conhece de verdade? – ele devolveu a pergunta.
– Acho que sim – respondi. – Agora é que vem a parte mais interessante.

Continuei a ler: "Uma vez que enganamos a nós mesmos e acreditamos que conhecemos uma pessoa, paramos de descobri-la."
– Você concorda com isso? – perguntei.
– Sei lá, acho que sim. E você?
– Estamos constantemente crescendo e mudando. Se você permitir que a sua visão de uma pessoa fique presa no passado, acabará se decepcionando no futuro, quando as suas expectativas em relação a essa pessoa forem diferentes da imagem que você faz dela.
– É verdade – ele disse.
– Você promete que nunca vai parar de procurar me conhecer? Prometa que nunca vai parar de tentar, que nunca vai decidir que não há nada mais em mim para descobrir.
– Prometo – disse ele.
– Eu também prometo.

Ficamos nos olhando por algum tempo, o silêncio nos envolvendo, então falei:
– Não sei mais o que fazer agora. Já li todos os livros que podia. Não há mais nada a fazer. Você acha que estamos prontos?
– Sim – disse ele.
– Numa escala de 1 a 10, que nota você daria ao nosso casamento?

– Oito.
– E quatro meses atrás?
– Seis – ele respondeu. – E você?
– Concordo com o oito, mas discordo do seis. Eu daria dois.
– As coisas estavam tão ruins assim?
– Estavam. Mas agora tudo está muito melhor.
– É verdade.
– Você promete que vai continuar se esforçando? Promete que vai tomar a iniciativa, que não serei sempre eu a ler os livros e tentar descobrir como melhorar as coisas?
– Sim.
– Eu gostaria de fazer algo simbólico para comemorar. O que você acha de renovar nossos votos de casamento? – perguntei.
– Acho uma ótima ideia.
– Podíamos fazer a troca dos votos na sexta-feira que vem, no Farmhouse. Que tal? – sugeri.
– Perfeito.

Os votos já estavam na minha cabeça. Eu só precisava digitá-los.

Vou me esforçar para conhecê-lo melhor continuamente.

Vou me esforçar para desafiá-lo, apoiá-lo e incentivá-lo a se tornar a melhor versão de si mesmo, não importa como você a defina.

Vou me esforçar para ajudá-lo a se tornar a pessoa que você deseja ser.

Quando você agir de maneira incoerente com as suas crenças, sonhos ou valores, vou me esforçar para lhe mostrar isso, mas não vou deixar de amá-lo.

Quando me sentir magoada por suas atitudes ou pela falta delas, direi a você e depois o perdoarei.

Quando minhas atitudes ou a falta delas magoarem você, vou assumir meus erros, desculpar-me e me esforçar para não cometê-los outra vez.

Vou me esforçar para vê-lo como um mistério a ser desvendado e não um problema a ser resolvido.

Vou me esforçar para amá-lo e aceitá-lo pela pessoa que você é e pela pessoa que você deseja se tornar.

Vou me esforçar para estar ao seu lado quando você precisar de companhia e para recuar quando você precisar ficar só.

Vou me esforçar para dedicar a nós meu tempo e minha energia, especialmente quando isso vai nos aproximar dos objetivos e dos sonhos da nossa vida em comum.

Vou me esforçar para aceitar cada parte de você que seja diferente de mim.

Vou me esforçar para ouvir suas opiniões, mesmo quando não concordar com elas.

Vou me esforçar para me doar sem esperar nada em troca.

Vou me esforçar para receber sem culpa.

Quando você precisar conversar, vou me esforçar para escutá-lo com profunda atenção.

Quando você precisar revelar seus sentimentos ou seus mais íntimos e sombrios segredos, vou me esforçar para fazer com que você se sinta seguro, amado e aceito.

Vou me esforçar para ter a coragem de dividir com você as melhores partes de mim.

Vou me esforçar para permitir que você me veja como eu sou, ainda que eu esteja longe da perfeição.

Quando discutirmos, vou me esforçar para abrir mão de minha ânsia de vencer ou me vingar e, em vez disso, vou me concentrar em ouvir o seu ponto de vista e em solucionar o problema.

Vou fazer o que for preciso para melhorar o nosso casamento diariamente.

Vou me esforçar para me manter comprometida, por pior que a situação possa ficar.

Uma semana depois, eu estava esperando Mark voltar do

trabalho. Seu sócio, que geralmente fechava a loja nas noites de sexta-feira, precisou ir a algum lugar importante – fiquei imaginando se seria tão importante quanto a renovação dos votos de casamento de Mark.

Eu duvidava que meu marido tivesse falado alguma coisa sobre esse compromisso. Se ele tivesse explicado a situação, tenho certeza de que o sócio teria concordado em fechar a loja. Certeza absoluta.

Mas eu conhecia meu marido. Ele preferia mil vezes assistir a um festival de música feminina comigo do que dizer ao sócio que ia renovar seus votos de casamento. Falar sobre votos pertencia ao mesmo território que as conversas sobre sentimentos. E falar sobre sentimentos com outro homem era ainda pior do que com a esposa. Eu podia entender isso.

Assim sendo, eu estava zanzando pela casa, me esforçando muito para não ficar zangada com meu marido na noite em que prometi me casar com ele outra vez. Nossa reserva era para as 7h30. Olhei para o relógio. Eram 7h20.

Eu estava pronta. Estava maquiada. Meu cabelo estava penteado. Imprimi os votos e coloquei-os na bolsa, junto com uma lanterna pequena.

Era óbvio que Mark chegaria muito atrasado e que o restaurante já estaria fechado, e teríamos que ler nossos votos na rua, do lado de fora, no escuro. Sentei na varanda e fiquei esperando.

Fechei os olhos. Ouvi as cigarras. Senti a suave brisa bater em meu rosto. Respirei profundamente. Concentrei-me na respiração.

Olhei para o relógio.

"Pare com isso", disse a mim mesma. Fechei os olhos e me acalmei outra vez.

Olhei para o relógio novamente.

"Pare com isso", repeti.

Não conseguia me conter. Passei os três minutos seguintes

alternando entre respirar com calma e olhar para o relógio.
7h30.
7h35.
7h40.

Por que ele foi trabalhar de bicicleta, em vez de ir de carro? Por que ele não levou uma roupa bonita para o trabalho, assim poderia se trocar lá e eu iria buscá-lo de carro? Por que ele não planejou antes?

"Não é da natureza dele", argumentei a mim mesma. "Sou eu que faço planos. Sou eu quem tem uma lanterna na bolsa."

Finalmente relaxei e, ao fazê-lo, pensei na distância que havíamos percorrido em apenas quatro meses. Lembrei-me de uma festa a que fomos recentemente. Mark passou todo o tempo brincando com Kaarina, sem me pedir ajuda uma única vez. Quando me desculpei por não ajudá-lo, ele disse: "Você cuidou dela o dia inteiro. Não precisa fazer isso de noite também." Quatro meses antes? Eu teria corrido atrás de Kaarina a noite inteira e, quando estivesse exausta o suficiente, não o teria encontrado para sugerir que fôssemos embora.

Há algumas semanas, quando Mark viajou a negócios, ligou do aeroporto para avisar que tivera problemas no voo e que só chegaria ao seu destino mais tarde. "Assim que chegar, ligo para falar com Kaarina", ele disse. Durante a viagem, ele telefonou todos os dias para desejar boa noite à filha. Quatro meses antes? Ele não teria ligado nem uma vez.

Recordei o dia em que eu tive uma reação alérgica. Liguei para ele, que veio correndo, pegou Kaarina e nos levou até o hospital. Depois, deixou Kaarina na escola e voltou para o hospital. Permaneceu sentado ao meu lado durante as longas e entediantes horas em que fiquei em observação. Quando minimizei meus sintomas para o médico, dizendo "O inchaço já está desaparecendo. Tenho certeza de que posso voltar para casa", ele, calmamente, me desmentiu: "Os lábios e olhos dela estão mais inchados do que o normal." Ele ligou a TV e me deu o controle remoto.

Pediu cobertores quando eu disse que estava com frio. Quando falei que estava bem e que ele podia voltar ao trabalho, ele não disse nada. Apenas ficou comigo. Quatro meses atrás? Ele teria me deixado na emergência, dizendo que eu ligasse assim que ele pudesse ir me buscar.

Pensei num churrasco que havíamos ido algumas semanas antes. Uma amiga comentou "Ele é tão atencioso com a Kaarina", enquanto o observava brincar com a filha na piscina. O pensamento "Você está se referindo ao *meu* marido?" me passou pela cabeça, mas eu o guardei para mim. Ele havia mudado tanto e em tão pouco tempo que eu tinha dificuldades para me acostumar com o novo Mark.

Eu o amava muito, mesmo ele sendo um eterno e indolente atrasado.

Às 7h45, eu o avistei pedalando apressado. Virou a esquina e subiu pela entrada da garagem.

Chegamos ao Farmhouse um pouco depois das oito. Mark me deu o braço e abriu a porta do restaurante para mim. Fomos recebidos pelo chef Michael, que nos levou até nossa mesa, a poucos metros de onde nos encontramos pela primeira vez.

Pedimos uma salada, carne de cordeiro (para Mark), salmão (para mim) e ponche (para nós dois). Durante a sobremesa, o homem que estava sentado atrás de nós atendeu o celular com um altíssimo "Alô!". Pelo que o cara falou, entendi que os filhos dele estavam fazendo a maior bagunça e a babá não estava aguentando mais. Enquanto ele falava, o corpo de Mark ficou tenso. Ele revirou os olhos e deu um suspiro alto. Acariciei o braço dele suavemente e disse:

– Eu adoro saber exatamente o que você está pensando, mesmo que você não diga nada. – Ele estava pensando que o sujeito era um imbecil sem educação por ficar sentado e falando ao telefone, em vez de pedir licença e ir conversar lá fora.

Oito anos de casamento valiam para alguma coisa. Algumas vezes, conseguíamos ler a mente um do outro.

Terminamos de jantar, pagamos a conta e saímos do restaurante, andando em direção a um campo de golfe que ficava ao lado. Subimos uma pequena ladeira e nos sentamos na grama orvalhada. Tirei da bolsa os votos e a pequena lanterna.

– Eu leio uma linha e depois você também lê – sugeri, iniciando a cerimônia ao ler "Vou me esforçar para conhecê-lo melhor continuamente".

Esperei que ele lesse a primeira linha dos votos dele. Nada.

– É a sua vez – falei.

– Pensei que você ia ler todos e depois eu leria todos – ele respondeu.

– Pensei que eu ia ler um voto meu e você leria um seu, e assim por diante.

– Acho melhor você ler todos os seus primeiro e depois eu leio os meus.

– Não, um de cada vez – insisti.

Estávamos presos a uma guerra de poder sobre a melhor maneira de ler nossos votos? Isso estava mesmo acontecendo?

– Que tal lermos juntos? – ele propôs.

– Está bem, vamos ler juntos.

Quando cheguei à última frase, "Vou me esforçar para me manter comprometida, por pior que a situação possa ficar", ele reagiu.

– Talvez devêssemos terminar com algo mais positivo – disse Mark.

– Talvez. Mas não é exatamente isso que resume tudo? As coisas podem ficar terrivelmente ruins. Eu posso ser diagnosticada com alguma doença terminal e ficar tão rabugenta que jogue minha comida em cima de você e o chame de todos os palavrões que conhecer. Essa é a parte da "tristeza" de *na alegria e na tristeza*.

– Não vamos exagerar – disse ele.

Ficamos de pé e nos abraçamos. Ele me apertou forte.

– Você está me apertando tanto que o meu coração vai sair pela boca.

– Eu sei.

Rocei meus lábios na camisa dele e sussurrei:

– Eu posso fazer você me soltar, se quiser.

Ele me soltou e nos beijamos.

Caminhamos até o carro de mãos dadas, confiantes de que nosso casamento ia sobreviver. Mesmo depois que perdêssemos os cabelos, os dentes e os corpos firmes e jovens. Ele ia sobreviver porque continuaríamos nos esforçando. O Projeto havia nos obrigado a tentar de tudo e agora eu sabia que foi nas tentativas que encontramos a felicidade.

CAPÍTULO 12

E assim viveram felizes para sempre (pelo menos na maior parte do tempo)

Setembro 2007 – setembro de 2008

"Você se apaixona não quando encontra a pessoa perfeita, mas quando enxerga, com perfeição, uma pessoa imperfeita."
— Sam Keen

Se este livro tivesse terminado com a renovação dos nossos votos, provavelmente você ficaria pensando "Duvido que esse casamento vá para a frente". Foi exatamente isso o que uma das minhas melhores amigas me disse após ler o primeiro rascunho do livro, que terminava no capítulo anterior.

Portanto, graças a ela, você ainda tem mais para ler. Você não apenas vai descobrir o que aconteceu após o fim do Projeto (este capítulo), como também terá a chance de saber como foi o ano seguinte (o Epílogo).

Verdade seja dita, minha amiga não deve ter sido a única a duvidar da eficácia do meu plano matrimonial. Se, em setembro de 2007, eu tivesse pedido que apostassem na longevidade do meu casamento, acho que ninguém teria arriscado que ficaríamos juntos.

Pois ficamos juntos e conseguimos esse feito porque nunca paramos de nos esforçar. O Projeto oficial pode ter terminado em setembro de 2007, mas o não oficial continuou indefinidamente.

Eu continuei a defender minhas ideias muitas e muitas vezes. Exigi muito de Mark. Pedi a ele que reduzisse seu horário de trabalho e ficasse em casa algumas noites. Pedi que jantasse em casa comigo e com Kaarina em vez de ir à pizzaria favorita com os amigos, independentemente de ele estar ou não com vontade de comer sobras do almoço. Pedi que saísse de festas mais cedo do que ele gostaria. Pedi, pedi e pedi, e cada vez que eu o fazia ficava um pouco mais fácil fazê-lo. Eu não me sentia tão culpada e ele não parecia ameaçado.

Ele nem sempre me atendia com uma resposta amável e imediata, e eu nem sempre usava as melhores táticas de comunicação, mas, de alguma maneira, conseguimos sempre melhorar nossa relação. Mesmo que em alguns momentos as coisas saíssem de controle. Por exemplo, numa tarde no final da primavera, em 2008, eu me vi olhando o relógio repetidamente, contando os minutos para ele chegar em casa. Meu reservatório de energia física e criativa já estava esgotado. O que mais eu poderia fazer para entreter minha filha? Eu estava no limite. Estava entediada. Estava exausta.

Quando ele chegou, me encontrou deitada de costas na grama, o antebraço sobre os olhos e Kaarina sentada na minha barriga.

– Posso dar uma volta de bicicleta? – ele indagou.

Movi o braço, abri os olhos e procurei algum sinal de riso no rosto dele. Só podia ser uma piada.

– Não – respondi. Pensei em explicar os motivos por que eu não queria que ele saísse para pedalar. Pensei em dizer que domingo à tarde não era o momento adequado para ele ficar longe da família. Pensei até em argumentar que eu estava deitada na grama havia 15 minutos, esperando por ele. Mas minha frase parou no "não", e ele se afastou.

Mais tarde, sentei-me numa cadeira no quintal, fechei os olhos e senti uma ponta de relaxamento invadir meu corpo.

– O quê? Você vai dormir agora? – Mark perguntou, naquele tom de voz que ele sabia que eu detestava.

Abri os olhos e disse:

– Qual é o seu problema? Você não precisa falar comigo desse jeito.

– Eu não fui pedalar porque você não queria que eu fosse, e agora você está sentada aí, sozinha, à toa. Eu trabalhei a manhã toda. Só queria voltar para casa e andar de bicicleta e você não deixou e eu não entendi por quê.

Imagens de Mark feliz, sem fazer nada, vieram à minha mente. Enquanto eu fazia o jantar e distraía Kaarina, ele ficava assistindo à televisão, lendo o jornal e navegando na internet. Seria um crime uma mãe simplesmente querer relaxar numa cadeira em seu quintal por alguns minutos e aproveitar o último calor do sol? Seria um grande absurdo da minha parte dizer a ele que não podia sair para pedalar para que eu pudesse descansar um pouco? Será que deveria reconsiderar minha opinião? Culpa e raiva disputavam o maior espaço no meu coração.

A raiva venceu.

– O que você acha que eu fiz o dia inteiro? Você acha que é fácil entreter uma criança de três anos por horas a fio? Você acha que minha energia não tem fim? Já passou pela sua cabeça que eu posso precisar de uma pausa para respirar? Já passou pela sua cabeça que eu posso ter vontade de caminhar, correr, ler um livro ou apenas ter cinco minutos para cuidar de mim mesma? Você pelo menos percebeu que eu tenho andado tão ocupada com o trabalho e com Kaarina que mal tenho tempo de tomar banho? Você está irritado porque não tem algumas horas de folga para andar de bicicleta, enquanto eu não tenho dez minutos para tomar uma merda de um banho.*

– Alisa – ele me reprimiu, sério, apontado com a cabeça a presença de Kaarina.

Entrei em casa para me afastar dele. Minha raiva se intensifi-

---

* Como você já deve imaginar, meu editor não é fã dessa palavra. Talvez você também não seja. Tentei reescrever a frase e substituir o palavrão, mas nada representava tão bem a irritação que eu estava sentindo naquele momento. Sinto muito se isso o incomodou.

cou. Em minhas fantasias, mandei-o ir pedalar e nunca mais voltar. Imaginei como seria fazer as malas e me mudar para a casa dos meus pais. Ao mesmo tempo, uma voz me perguntava: "Você vai se separar dele por causa de um comentário arrogante? Ele só está de mau humor. Ele é um ser humano irritadiço. Você sabe disso. Outro dia mesmo, você estava pensando em como são felizes e em como ele é maravilhoso. Isso é só uma briga. Converse com ele."

"Não, agora chega. Foi a gota d'água", eu disse àquela voz da razão. "Eu o odeio. Não posso fazer mais isso. Está acabado. Estou cansada de ouvi-lo falar comigo dessa maneira. Estamos trabalhando no nosso casamento há mais de um ano. Para tudo existe um limite."

Entrei em casa outra vez.

– Vai – eu disse. Ele estava de sunga, a água pingando do corpo. Acabara de tomar um banho de mangueira. Kaarina estava rindo e correndo atrás dele.

– Vai aonde?

– Vai embora.– Dentro de mim, uma voz sussurrava "Nunca abandone sua casa e nunca peça que ele o faça. Você não está lutando de maneira justa". Eu disse à voz: "Cale a boca. Estou cheia de você. Nada disso me importa mais."

– Você está maluca – ele disse.

– Não quero mais você aqui. Vai embora.

– Eu não vou embora – disse ele, de braços cruzados. – Não vou a lugar nenhum.

Ele caminhou em minha direção, de braços abertos.

– Venha aqui – disse Mark, embalando-me em seu peito. Eu solucei no ombro molhado dele.

– Por que você falou comigo daquele jeito? Você sabe que eu odeio isso. Você sabe que eu fico chateada. Por quê?

– Não sei. Às vezes eu me descontrolo. Esqueço que você está cansada. Esqueço que tudo isso é tão difícil.

Olhei para ele fixamente. Ele se esquecia de que eu estava cansada? Sério? Isso seria possível? Então, de repente me ocorreu que poderia mesmo ser verdade. Ele não havia ficado acordado a noite inteira com um bebê. Eu, sim. Ele não havia passado incontáveis noites sem dormir nos últimos quatro anos. Por mais que nosso casamento tivesse progredido, as tarefas noturnas ainda eram minhas. Kaarina não ficava tranquila com o pai se a mãe estivesse disponível. E ele raramente passava um dia inteiro com ela. Eu quase sempre estava por perto para ajudá-lo.

– Sabe quando você anda de bicicleta e só quer chegar em casa, sentar no sofá e nunca mais se levantar?

– Sei.

– É assim que eu me sinto *o tempo todo*.

Cerca de uma semana depois, Mark foi fazer seu habitual passeio de bicicleta das quintas-feiras. Uns dez minutos depois de sair, ele me telefonou:

– Oi, mamãe. Esqueci de perguntar se teria problema eu ir pedalar. Desculpe. Eu devia ter perguntado. Você quer que eu volte para casa? Precisa de mim hoje à noite?

Fiquei chocada.

– Mark, você sempre pedala nas quintas-feiras. Nós já combinamos isso.

– Eu sei, mas trabalhei até tarde na terça e me ocorreu que talvez você quisesse que eu ficasse em casa hoje à noite para você descansar um pouco. Eu devia ter perguntado. Tem certeza de que não está chateada? Eu posso voltar.

– Não, pode ir. Está tudo bem. – E estava mesmo. Dessa vez, "Está tudo bem" queria dizer que estava tudo bem mesmo. Não significava "Quero que você caia morto".

Outra vez, num frio domingo de inverno, dirigi durante uma hora e meia até a casa dos meus pais para buscar Kaarina, que havia passado o fim de semana lá. Depois de ficar com eles por cerca de duas horas, arrumei as coisas da minha filha e peguei a estrada novamente. Liguei para Mark antes de sair e disse que estaria em casa dali a duas horas. Enquanto dirigia, já imaginava como seria a caótica chegada em casa: minha perna direita estaria dormente por ficar tanto tempo na mesma posição, a tempestade de neve que acabara de acontecer teria deixado a garagem escorregadia, Kaarina dormiria no carro e eu teria que carregá-la sobre o gelo, com a perna doendo. Mark estava numa festa. "Eu deveria ligar para ele de novo e pedir que me espere em casa", pensei. Fiz menção de pegar o celular, mas uma rajada de vento jogou uma grande quantidade de neve no para-brisa do carro, atrapalhando minha visão por alguns segundos. Achei melhor manter as duas mãos no volante.

"Ele vai estar lá", disse a mim mesma. "Ele não vê a filha há dois dias. Deve estar com saudades. E ele sabe do meu problema na perna. Ele vai estar lá."

Quando cheguei, a casa estava escura. Meu coração ficou pesado. Lentamente, carreguei Kaarina para dentro. Agarrei o telefone sem fio no caminho para o quarto dela. Liguei para Mark e pedi que viesse para casa. Sonolenta, Kaarina me pediu que lesse uma história. Eu li.

– Onde está o papai? – ela quis saber.

– Vai chegar já, já.

Ele levou meia hora para pedalar até em casa. Durante esse tempo, enquanto tirava bagagens e cobertores do carro, perdi o controle das minhas emoções. Quando Mark abriu a porta, não posso dizer que o recebi com o melhor dos sorrisos. Eu lhe disse que teria ficado muito agradecida se ele estivesse em casa, mas minhas palavras saíram duras como o aço e o "me desculpe" dele não conseguiu penetrar minha armadura. Mais tarde, naquela mesma noite, eu me vi na lavanderia, encostada na máquina de lavar, puxando o joelho em direção ao tronco e soluçando "Está doendo. Isso dói demais". Depois que decidi amar Mark outra vez, as discussões tornaram-se muito mais dolorosas.

Dois dias após aquela discussão, estava conversando com meu amigo Larry e ele logo percebeu que eu estava triste.

– O que houve?

– Mark e eu brigamos. Já fizemos as pazes, mas ainda estou muito triste.

– Sobre o que foi a briga?
Contei a ele toda a história.
– Você falou que queria que ele estivesse em casa?
– Não, nem me ocorreu. Imaginei que ele soubesse disso.
– Como ele poderia saber? Eu não saberia – disse Larry.
– Não? Se você realmente amasse sua mulher, não acha que iria pensar "Ela vai chegar daqui a pouco, a entrada da casa está escorregadia e ela vai precisar de ajuda para carregar as malas. Não vejo minha filha há dois dias, então, vou sair da festa agora para estar em casa quando elas chegarem"?
– Não – ele respondeu. – Ele pediu desculpas?
– Sim – respondi.
– E você ainda está chateada?
– Estou.
– Ai, as mulheres são tão complicadas!

Eu sou complicada? Mark é que não tem a mínima noção das coisas. Isso nunca vai mudar, e acho que sempre vamos brigar por esse motivo. Aprendi a aceitar os mal-entendidos como uma necessidade, em vez de temê-los como se fossem um mau presságio. A cada discussão, mostro a ele uma parte vulnerável de mim e me permito dizer "Não sou indestrutível. Preciso de você". Cada briga nos leva a conhecer o outro num nível mais profundo e autêntico. Toda vez que nos desentendemos, percebo que ele está disposto a fazer o que eu quero. Ele só precisa me perguntar. Cada briga faz tudo isso, mesmo quando não é justa, mesmo quando não usamos nenhuma de nossas novas técnicas e mesmo quando nossas emoções se sobrepõem ao nosso lado racional.

Goldsmith estava certo. É melhor brigar do que calar. Não foram as brigas que quase acabaram com o nosso casamento.

O Projeto começou com o perdão, eu perdoando Mark por me negligenciar durante o início da maternidade. Nos meses seguintes, perdoei a mim mesma. Perdoei-me por ser uma mãe imperfeita. Somente depois de três meses do término do Projeto e três anos e meio depois de me tornar mãe é que descobri que sofri de depressão pós-parto. A descoberta veio enquanto eu escrevia este livro. Quando peguei *O cérebro feminino* para relembrar o conteúdo e reproduzi-lo aqui, entendi tudo. Li um parágrafo ao qual eu não havia prestado atenção naquela época: "O cérebro de uma mulher vulnerável fica hiperativo e ela fabrica um excesso de cortisol, o hormônio do estresse. A reação de alarme fica aumentada, a mulher se sobressalta facilmente, pequenas coisas parecem problemas gigantescos. A mulher fica hipervigilante em relação ao bebê, irritadiça e incapaz de dormir de novo depois de amamentar o bebê à noite. Ela passa o dia inteiro andando de um lado para outro e tem tremores noturnos, como se o seu dedo estivesse ligado a uma tomada, apesar de estar exausta."

Será que a Dra. Brizendine me viu tirar o telefone do gancho? Ela me ouviu dizer às minhas amigas que não precisava de ajuda? Ela percebeu a minha reação de alarme, aquela que se acendia a todo instante? Ela estava lá no dia em que entrei no carro mas não me lembrava de como acender o farol? Bem, mas o fato é que ela me compreendeu; e essa compreensão me permitiu entender a mim mesma e a perdoar a mim mesma, principalmente por aquela noite terrível, quando eu quase machuquei Kaarina.

A privação de sono, os choros altíssimos, a fadiga total e absoluta, a pressão, a falta de apoio, a falta de um momento de silêncio, tudo isso foi sufocante. A parte do meu cérebro que guardava o bom-senso e a parte do meu coração que guardava a compaixão foram substituídas por raiva. E essa raiva persistiu durante anos.

Mark havia me perdoado no instante em que contei a ele sobre aquela noite. Eu levei mais de três anos para perdoar a mim mesma. Algumas mães conseguem entreter uma criança pequena durante um dia inteiro sem enlouquecer ou desmaiar de exaustão. Eu não sou uma delas. Algumas mães conseguem passar um fim de semana inteiro tomando conta dos filhos, sem intervalos.

Eu não sou uma delas. Algumas mães gostam de ficar em casa com os filhos, em vez de trabalhar. Eu não sou uma delas. Preciso trabalhar para ganhar dinheiro e pagar as contas, mas, mesmo que não tivesse contas para pagar, ainda assim trabalharia. Escrever faz parte de mim, assim como pedalar faz parte de Mark. Se eu parasse de escrever para me tornar uma mãe em tempo integral, uma parte de mim morreria. O fato de eu me permitir trabalhar, sair à noite ou contratar uma babá não significa que não ame a minha filha. Significa que amo a mim mesma. Eu a amo, mas eu me amo também. Isso não é apenas normal. É saudável.

Depois do perdão, meu plano matrimonial nos forçou a lidar com nossa inexistente vida sexual. Um ano após o início do Projeto, nossas estatísticas estavam mais próximas de uma ou duas vezes por mês do que de uma ou duas vezes por semana, mas aprendi a valorizar a qualidade e não a quantidade. Continuei a comprar lingerie sexy. Continuei a ler sobre diferentes técnicas sexuais. Até procurei Carmen para fazer outros tipos de depilação cavada. Recomendo a todas.

E um dia – quando Kaarina passou o fim de semana com os avós – Mark encontrou meu ponto G. Isso mesmo, ele existe de verdade.

Depois do sexo, veio o romance. Numa manhã de inverno, saí para levar Kaarina à escola e descobri que Mark havia raspado o gelo das janelas do meu carro antes de sair para o trabalho. Outra vez, enquanto caminhava até o carro, lembrei-me de que Mark o havia usado na noite anterior. "O tanque deve estar vazio. Aposto que ele nem pensou em enchê-lo", resmunguei para mim mesma. Sentei-me, liguei a chave e olhei para o marcador de gasolina. Estava cheio.

E a comunicação? Bem, aprendemos a conversar sobre a máquina de lavar sem culpas e tensões. Comprei uma calça muito cara, de tecido delicado, que precisava ser lavada com água fria,

em ciclo lento. Perguntei a Mark se deveria colocá-la com o resto das roupas ou se deveria lavá-la à mão.
— Deixe-me ver a calça. — Eu mostrei. — Eu vou me lembrar. Pode deixar que eu lavo.
Dois dias depois, enquanto jantávamos, ele disse:
— Sua calça já está secando.
— Obrigada, meu amor.
Um dia, perguntei:
— Por que você não me ajudou quando Kaarina era pequena?
— O corpo de Mark ficou tenso. — Eu não estou tentando começar uma briga, querido. Só queria entender.
— Não sei explicar — ele respondeu.
— Seria porque eu sempre fui muito independente? Você achou que eu poderia dar conta de tudo sozinha?
— Sim, pode ter sido em parte por causa disso.
— Seria porque, na mesma situação, você não precisaria de ajuda?
— Pode ser. Talvez tenham sido as duas coisas juntas.
Essas explicações eram provavelmente o mais próximo que eu chegaria da verdade. Mas percebi que isso não tinha mais a menor importância. Ele estava me ajudando agora.
Terminamos o Projeto com intimidade. Durante um fim de semana, Kaarina ficou com meus pais e Mark e eu fomos à Filadélfia. Mark reservou o hotel e o restaurante. Ele me levou a uma adega, depois a uma cervejaria. Às dez horas, comecei a bocejar.
— Acho que não aguento mais. A quantos lugares você disse que queria me levar esta noite?
— Aguenta, sim — disse ele. — Estou guardando o melhor para o final.
— E o que é?
— É surpresa.
Mais ou menos às onze horas estávamos a caminho da surpresa. Entramos numa rua estreita.
— Está vendo aquele toldo?

– Estou – respondi.

– É o McGillin's Old Ale House. É o bar mais antigo da Filadélfia. Foi fundado em 1860. É muito difícil encontrar. Você precisa saber o que está procurando.

Percebi o orgulho na voz dele. Entendi que ele estava me mostrando um dos lugares que frequentava com os amigos e me oferecendo uma rara visão de quem ele havia sido antes de nos casarmos.

Caminhamos até a porta. Ele pegou minha mão.

– É muito cheio e barulhento para você, não é? – ele indagou.

– Não, está ótimo. Vamos nos sentar e tomar uma cerveja. Sei que você queria muito vir aqui. Estava louco para vir.

Ele me puxou pela mão.

– Vamos embora. Está ficando tarde e você está cansada.

Naquele instante, percebi que ele me conhecia pelo avesso.

Mas foi somente quando viajamos de férias para visitar os pais dele na Flórida, no início de março, que eu tive certeza, sem a menor sombra de dúvida, de que não queria mais que ele morresse.

Uma noite, enquanto estávamos lá, estava me vestindo para sair para jantar e Mark disse:

– Não estou me sentindo muito bem. Você acha que eu devia ir ao médico?

– Você nunca vai ao médico. Se você quer ir é porque deve estar se sentindo muito mal. O que você tem? Hoje é domingo, vai ser difícil encontrar um médico.

– Estou me sentindo esquisito. Como se fosse vomitar.

– Será que é alguma virose?

– Sei lá, estou enjoado. Comecei a suar frio e estou sentindo uma dor estranha atrás do ombro esquerdo.

Ele estava pálido. Vi algo nos olhos dele que só tinha visto uma vez. Era medo. Achei que a dor atrás do ombro devia ser algum problema muscular, por ele ter andado de bicicleta todos os dias durante as férias. Também achei que o enjoo e a tontura eram causados por uma virose que eu também pegara alguns dias antes. Atribuí o medo ao fato de um velho amigo de Mark ter morrido de repente, uma semana atrás, de ataque cardíaco.

Mas eu não queria dizer a ele para ignorar os sintomas e depois vê-lo morrer no meio do jantar.

– Se você acha que precisa ir ao médico, acho que deve ir mesmo.

– O.k., então eu vou para o hospital. Desculpe por perder o jantar.

– Espere, eu vou com você.

– Não, fique com Kaarina. Quero que você fique com ela. Ela precisa de você mais do que eu neste momento.

Mark me abraçou, disse que me amava e foi embora.

Fiquei parada, de boca aberta, processando o que ele acabara de me dizer. Quando saí do transe, ele já estava a caminho do hospital.

Nas horas que se seguiram, liguei para ele repetidas vezes, fazendo sempre as mesmas perguntas:

– Você está bem? O que está acontecendo?

– Ainda estou na sala de espera – ele disse, na primeira vez que liguei.

"Sim, estão fazendo alguns exames", ele disse, na segunda vez que liguei.

"Sim, estou esperando os resultados", ele disse, na terceira vez.

Cada vez que eu ligava, perguntava:

– O que posso fazer para ajudar? Você quer que eu peça a sua mãe para me levar até aí?

E todas as vezes ele respondia:

– Não precisa, estou bem. Fique com Kaarina.

Quando eu não estava falando com ele ao telefone, entrava em pânico. "Será que ele vai ficar bem? Será que ele vai ficar bem? Será que ele vai ficar bem?"

Em vez da fantasia da morte que me acalmava um ano antes, vi uma realidade bem diferente. Vi a mim mesma desesperada demais para escrever. Vi nossa filha perguntar "Onde está o papai? Quando ele volta para casa?", e eu tentando responder a essa pergunta. Não conseguia pensar no enterro, mas podia enxergar claramente a solidão, o vazio da vida sem ele.

Horas depois, Mark recebeu os resultados dos exames. Ele não estava tendo um infarto. Tinha um desequilíbrio eletrolítico, possivelmente por fazer exercício em excesso no calor da Flórida, com o qual não estava acostumado. Ele ficou em observação no hospital até o dia seguinte.

Na manhã seguinte, Kaarina e eu fomos visitá-lo. Ele estava usando uma camisola azul. Sua pele estava pegajosa, suada e pálida. Eu o abracei.

– Estou tão feliz por você estar bem – eu disse. E realmente estava.

Kaarina o abraçou e o beijou, depois sentou no seu colo.

Acariciei o braço de Mark e peguei sua mão. Olhei dentro dos olhos dele. Nunca tinha me sentido tão feliz por ele estar vivo e fazer parte da minha vida.

Eu nunca terminei o romance. Ele perdeu o fascínio quando parei de desejar que meu marido caísse morto. Agora que eu o queria vivo, o livro simplesmente me parecia errado.

Finalmente, em agosto de 2008, tivemos nossa muito adiada segunda lua de mel. Meus pais concordaram em tomar conta de Kaarina por uma semana. No meu aniversário de 38 anos, fomos para St. Kitts, no Caribe, onde mergulhamos, caminhamos, fomos à praia, relaxamos e fizemos amor cinco vezes em sete dias. No final da viagem, olhei para ele e vi uma pessoa que não via há muitos anos. Eu não enxergava mais um homem egoísta, negligente e cabeça-dura, e sim um homem que me adorava. Um homem que tirava fotos de mim sem que eu soubesse (eu as achei mais tarde, na câmera digital dele). Reconheci o homem com quem havia me casado. Vi o homem pelo qual me apaixonei.

Talvez você esteja se perguntando: e se o Projeto não tivesse dado certo? E se eu tivesse tentado de tudo durante quatro meses e ainda assim pedido o divórcio? Não teria sido uma colossal perda de tempo?

De jeito nenhum.

Eu precisava do Projeto tanto quanto precisava de um casamento melhor. Ele me ajudou a entender meus sentimentos, a pedir o que precisava e a não aceitar o "não" nas ocasiões em que essa não era uma resposta aceitável.

O Projeto me ajudou a me tornar uma pessoa mais forte, mais feliz e mais autêntica. Se não tivesse aprendido essas lições ao lado de Mark, eu as teria aprendido mais tarde, com outro alguém. Se nunca tivesse me dedicado a aprendê-las, minha vida seria vazia. Uma amiga me disse: "Você pode resolver seus conflitos com ele ou sem ele, mas vai ter que resolvê-los de alguma maneira." É verdade.

Não temos um casamento perfeito. Nós brigamos. Algumas vezes, preferimos fazer qualquer coisa sozinhos a estar junto com o outro. Temos muitas diferenças: eu sou uma pessoa matutina. Ele gosta mais da noite. Eu adoro correr. Ele é ciclista. Ele é uma pessoa divertida, relaxada, que vive o presente. Eu sou séria, ansiosa e penso em economizar o máximo antes dos 40 anos para termos uma boa aposentadoria.

Seremos sempre diferentes. Ele sempre dormirá profundamente, acordará mal-humorado e levará a vida devagar. Ele é assim. Não posso mudar quem ele é, mas posso fazê-lo abandonar alguns hábitos, em especial aqueles que me magoam. Mudar o comportamento dele foi muito mais fácil do que jamais imaginei.

CAPÍTULO 13

Fim

Setembro de 2008

> *"Tudo o que ela precisava era a certeza do amor dele e a garantia de que não havia pressa, pois uma vida inteira estava diante deles."*
> — Ian McEwan, *Na praia*

Se Mark morresse amanhã, eu escreveria um discurso de despedida. E o que eu escreveria para ajudar Kaarina a se lembrar do pai seria isso:

Seu pai foi um homem difícil. Não digo isso por maldade, mas porque é verdade. Não consigo pensar em um único amigo dele que não concorde comigo. Até a mãe dele o considerava uma pessoa complicada. Acho que ele às vezes discordava de mim só por diversão. Ele era tão teimoso quanto era competitivo.

Mas, quando realmente estava errado, ele procurava se corrigir, ainda que em silêncio. Até começou a dobrar a roupa lavada corretamente, da maneira que sugeri. Ele apenas não conseguia admitir para mim que o estava fazendo, e eu fingia não perceber.

Seu pai ficava meio nervoso algumas vezes. Uma palavra áspera dele seria capaz de fazer um assassino em série se arrepender de seus pecados. Ele nunca levantava a voz, mas tinha uma maneira de falar que podia deixar qualquer pessoa de joelhos.

Apesar disso, era afetuoso e sentimental. Ele insistia que o cachorro dormisse na nossa cama e não no chão. Ele comprava tudo o que você queria e, à noite, sempre a cobria com o cobertor, que você arrancava no mesmo instante.

E ele tinha um bom coração. Visitava alguns clientes que moravam sozinhos só porque sabia que eles se sentiam solitários. Se alguém fosse novo na cidade, ele o ajudava a fazer amigos e a se sentir em casa. Se alguém precisasse de qualquer tipo de ajuda, era sempre o primeiro a se oferecer. Mas ele nunca queria que lhe agradecessem e preferia que os outros não soubessem o que havia feito.

Ele detestava quando eu contava isso, mas adorava descobrir as primeiras flores que desabrochavam na primavera. Ficava perto da árvore de magnólias quando estava coberta de flores e dizia: "Olhe a nossa árvore. Está vendo todas essas flores? Está sentindo o cheiro?" Ele não sabia a diferença entre uma tulipa e um narciso, mas sabia que eu e você sorríamos quando olhávamos para qualquer uma das duas, principalmente se fossem as primeiras explosões de amarelo, vermelho ou roxo daquele ano.

Seu pai era o palhaço da turma. Você sabia que no nosso casamento ele fingiu que estava tirando a minha calcinha de debaixo do meu vestido? Sim, o seu pai fez isso. Meus avós estavam olhando!

Seu pai era tão competitivo! Ficava emburrado por várias semanas quando um amigo dizia que ele tinha sido lento em alguma prova de ciclismo. Mas ele não era lento. Era excelente em todas as atividades físicas às quais se dedicava: alpinismo, windsurfe, corrida. Ele possuía um talento atlético natural.

E isso era muito bom, porque ele detestava perder. Se eu o cumprimentasse por um segundo lugar, ele dizia: "O segundo é o primeiro perdedor." Muitos pais deixam os filhos ganharem nos jogos, mas Mark nunca fazia isso com você.

Certa vez, depois de uma corrida que vocês dois disputaram, tive que dizer a ele que era preciso deixar você ganhar de vez em quando. Seria mais justo! Foi uma das lições mais difíceis que ele aprendeu. E foi a maior prova de que ele faria qualquer coisa por você.

Seu pai fazia o melhor frango na brasa que já comi, e ele sabia disso. Ele detestava vinagre e qualquer comida que tivesse sabor *parecido*. *Eu sabia que ele sempre ia me dar todos os picles e azeitonas que viessem em seu prato.*

Ele tinha um amor secreto por comer besteiras. Deixava você comer coisas que eu jamais permitiria. No instante em que eu virava as costas, você e seu pai se enchiam de Cheetos, batata frita e outras porcarias, mas eu adorava que vocês tivessem aqueles momentos deliciosos juntos, mesmo que você acabasse ganhando uns quilinhos a mais.

Seu pai amava strudel de maçã. Adorava carne de cordeiro, cerveja amarga e um bom café expresso.

Ele também amava sua bicicleta. Se não pedalasse todos os dias, tornava-se o Ser Mais Mal-humorado da Terra. Ele adorava velocidade. Adorava dirigir depressa. Adorava suas motocicletas.

Ele adorava o medo e o perigo. Amava qualquer assunto que envolvesse algum perigo de morte.

Mas, acima de tudo, ele amava você e a mim. Ele nos amava mais do que sua própria vida e mais do que sua bicicleta. Essa é a mais pura verdade.

Epílogo

Setembro de 2008 – dezembro de 2009

Mais de dois anos após o término do Projeto, eu estava numa aula de meditação budista. Acabáramos de fazer um exercício sobre a compaixão, no qual devíamos trazer à nossa mente algumas pessoas difíceis e desejar felicidades a elas.
Mais tarde, alguém disse:
– Acho que é impossível fazer isso com nossos maridos. Eles são as pessoas mais difíceis para se enxergar com compaixão.
Todos concordaram e disseram:
– Grande verdade!
Menos eu. Pensei: "Assim como minha filha, meu marido é a pessoa mais fácil de se desejar felicidades. Sem esforço."
Não podia acreditar que acabara de pensar uma coisa dessas. Eu era a mulher que planejou o funeral do próprio marido. Era aquela que costumava achar que qualquer um que afirmasse amar seu cônjuge só podia estar mentindo.
E meu marido era o cara que gastou nossas economias para uma segunda lua de mel fazendo uma viagem para esquiar com amigos. Era o cara que foi a uma festa do trabalho, em vez de comemorar o meu aniversário em casa comigo e com nossa filha recém-nascida. Era o sujeito que nem se importou em me dizer

oi quando entrei em sua loja mostrando que nossa filha estava dando seus primeiros passos.

Mas agora ele é o homem que não reclama nem um pouco por eu escrever um blog sobre nosso casamento e nossa vida sexual. Ele é o sujeito que me acompanhou ao estúdio de um programa de TV para falar sobre essa experiência. É o sujeito que leu cada palavra deste livro e só pediu que eu mudasse algumas frases.

Ele também é o cara que me toma nos braços e seca minhas lágrimas quando tenho um dia difícil.

Ele agora é o cara que, quando anunciei uma greve de serviços domésticos porque o prazo de entrega de um livro estava terminando, foi ao mercado, limpou a casa e cozinhou, tudo isso enquanto tomava conta da filha.

Sim, ele é esse cara.

Recentemente, uma amiga minha disse:

– Este mundo precisa de mais maridos como o seu.

Você acredita nisso?

Eu sei. É louco. É quase inacreditável.

Mas pode acreditar porque é verdade. Ele me ama e faria qualquer coisa por mim. Ele ama a filha e faria qualquer coisa por ela.

Ele é a melhor pessoa que entrou em minha vida.

Hoje posso olhar facilmente para os dias sombrios do meu casamento e enxergar com clareza como as coisas chegaram àquele ponto. Eu tinha ciúme da bicicleta dele. Uma vez, cheguei a me referir a ela como "a outra". Mas agora eu a aceito e compreendo a paixão dele. Ele adora pedalar. Faz parte de sua alma.

Para Mark, uma vida sem ciclismo não valeria a pena ser vivida. Assim como, para mim, a vida sem as palavras não teria sentido. É por isso que ele não reclama quando escrevo sobre os altos e baixos do nosso casamento. Ele entende que escrever é parte de mim.

Eu também tinha ciúme da loja de Mark e a chamava de "filha

ilegítima". Mas finalmente compreendi por que ele passa tantas horas lá, em vez de ficar em casa comigo e com Kaarina. Muitas pessoas disseram que a loja não daria certo, mas, para ele, aquilo se tornou uma questão de honra. Depois de ter se demitido de um emprego e ter sido despedido de outro, ele não podia permitir que a loja não desse certo. Ele não poderia deixar que os opositores tivessem razão. Precisava provar que estavam errados. Precisava fazer a loja ser um sucesso. O competidor teimoso precisava vencer.

Mas ele não conseguiria tornar a loja bem-sucedida ao mesmo tempo em que fazia um ótimo trabalho como pai e marido. O dia não tinha horas suficientes para isso. Então, ele enganou a si mesmo achando que daria tudo certo – que o nosso amor era forte o bastante para suportar os tempos difíceis e que ele nunca teria que escolher entre mim e a loja.

Algumas vezes, imagino se o homem que um dia vi era apenas uma projeção da minha mente iludida. Será que eu ficava simplesmente procurando erros, falhas e fraquezas? Será que interpretei mal suas expressões, seu tom de voz e suas preocupações? Talvez o sujeito sincero e adorável que conheci estivesse sempre ali, escondido atrás da minha raiva, minha decepção e minha depressão.

Nunca terei certeza. O que sei é o seguinte: há dois anos, eu jamais teria sido capaz de prever que meu casamento poderia ser tão bom. Nunca imaginara sentir um amor tão profundo por meu marido. Agora, sempre que me permito pensar naquele enterro que planejei para ele tempos atrás, meus olhos se enchem de lágrimas e meu coração aperta de dor. Não vou permitir que ele morra. Ele é o meu homem. É a única pessoa do mundo que me entende e que me ama incondicionalmente.

E ele veio para ficar.

Bônus especial

Não sei se você também é assim, mas, quando chego ao fim de um bom livro, fico triste. Não quero que ele acabe, por isso me pego lendo lentamente cada palavra que falta. Leio até a página de créditos.

Sei que parece presunção da minha parte supor que você sente isso em relação ao *meu* livro. Talvez você nem tenha passado da introdução. Mas, baseando-me na improvável chance de que você o tenha adorado tanto quanto adorava seu marido no dia em que se casou, resolvi escrever este Bônus Especial para você. Queria lhe dar mais do que a página de créditos para ler quando chegasse ao fim de *Projeto Felizes para Sempre*.

Espero sinceramente que, quando você terminar este apêndice, todas as suas dúvidas sobre como salvar seu casamento tenham sido respondidas. Também espero que você chegue à conclusão de que valeu a pena gastar dinheiro para comprar este livro. E, finalmente, espero que você se sinta disposta e confiante para começar o seu próprio Projeto.

10 PASSOS PARA VOCÊS VIVEREM FELIZES PARA SEMPRE

Fazer seu casamento dar certo é como cuidar de um jardim. Você planta as sementes. Você molha as sementes. Arranca as ervas daninhas. Fica com dor nas costas e arranha os joelhos. Você se preocupa se o sol está forte demais, se está chovendo em excesso, ou se o sol e a chuva aconteceram ao mesmo tempo. Você fica com raiva quando os insetos comem suas frutas. Você se alegra quando vê que as plantas conseguem crescer. Depois, você faz tudo outra vez. Isso porque a única fruta que colheu fez valer a pena todo o trabalho que você teve cuidando daquelas que não nasceram.

Assim é o casamento. Você trabalha. Trabalha mais. E mais. Uma parte desse trabalho rende frutos. Outra, não. Se você perseverar, vai descobrir que algo realmente frutificou. Você vai saborear o mais doce dos frutos. E vai experimentar uma nova e revigorada vida sexual, um relacionamento mais próximo e a certeza de ser amada, valorizada e compreendida.

E mesmo que nada disso aconteça, mesmo que, no final, você se divorcie, ainda assim terá valido a pena. O seu projeto de casamento vai lhe ensinar várias lições importantes sobre si mesma, e isso vai ajudá-la a crescer e a se tornar uma pessoa mais forte e mais feliz.

Nas próximas páginas, você vai encontrar meus melhores conselhos para fazer seu casamento dar certo. Mas lembre-se: eu não sou conselheira matrimonial nem psicóloga. Não estudei nada disso na faculdade. Aliás, se você quer mesmo saber, eu me formei em jornalismo.

Entretanto, meus amigos e os milhares de visitantes do meu blog acreditam que eu tenho um dom natural para aconselhar as pessoas sobre seus relacionamentos. É sua escolha aceitar ou não meus conselhos. De qualquer maneira, eu os apresento aqui com um único desejo: compartilhar o que aprendi na marra, para que você possa aprender da forma mais fácil possível.

Passo 1: Descubra a si mesma

É muito fácil culpar seu cônjuge pela sua infelicidade, mas a verdade é que essa infelicidade é você quem cria. Ela vem de dentro. Você é responsável pelo seu humor, sua alegria e seu bem-estar. Não é função do seu marido cuidar de você. A responsabilidade é sua. A função dele é apenas apoiá-la nessa tarefa.

Use estas dicas para encontrar a felicidade:

- Alimente-se bem. Encha-se de energia para ter o suficiente para oferecer a sua família e a seus amigos.
- Faça o que for preciso para ter uma boa saúde. Exercite-se. Relaxe. Durma o suficiente. Coma alimentos saudáveis. Faça sexo regularmente. Faça algo de que você goste. Reserve um tempo para si mesma.
- Descubra aquilo que você ama e faça-o sempre.
- Avalie seus amigos. Mantenha o relacionamento com as pessoas que a apoiam. Afaste-se das amizades destrutivas, baseadas em fofoca, superficialidade e competitividade. Faça novos amigos, se necessário.
- Pare de se sentir culpada. É impossível ser boa esposa e boa mãe se você não for uma boa com você mesma. Você vem em primeiro lugar. O casamento vem em segundo. Os filhos, em terceiro. Se você desequilibrar essa balança, ninguém será feliz.
- Sorria. Rir nos faz parecer felizes e todos se sentem atraídos pelo alto-astral. Quando as pessoas se sentem atraídas por nós, nos sentimos bem.
- Aceite os momentos em que se sentir triste. Tristeza não mata ninguém. Nem dura para sempre. Quando liberamos o medo, as emoções negativas não parecem tão assustadoras.
- Passe adiante. Ajude os outros a se sentirem bem consigo mesmos e, como consequência, você também se sentirá bem.

- Enfrente seus medos. O medo de fracassar é pior do que o próprio fracasso. Tenha a coragem de viver a vida dos seus sonhos. Quanto mais você correr atrás dos seus objetivos, mais feliz você será. Quanto mais se esconder deles, mais tristeza trará para sua vida.
- Pratique a arte de pedir o que precisa.
- Não pare de tentar se conhecer melhor até ter certeza absoluta de que você pode ser tão feliz sozinha quanto casada. O fato de saber que você pode ficar em pé por si mesma é o que lhe dará coragem de enfrentar e resolver seus problemas conjugais.

Leia os seguintes livros para aprofundar-se nesse assunto:
O caminho do guerreiro pacífico, de Dan Millman.
Finding Your Own North Star: Claiming the Life You Were Meant to Live ("Encontrando a sua própria Estrela do Norte: reivindicando a vida a que você tem direito"), de Martha Beck.
Seus pontos fracos, de Wayne W. Dyer.
Queen of Your Own Life ("Rainha de sua própria vida"), de Kathy Kinney e Cindy Ratslaff.

Passo 2: Defina o seu problema

Que áreas do seu casamento funcionam? Quais não funcionam? Visualize o futuro e imagine um dia perfeito de um casamento perfeito. O que o seu marido faz? Como vocês interagem um com o outro? Como é o sexo? Como é o amor? Como é a felicidade?

Depois crie um plano que possa levá-la do Ponto A (desejar que seu marido caia morto) ao Ponto B (um casamento perfeito).

Use estas dicas para iniciar seu Projeto Felizes para Sempre:
Quando você se vir desejando que seu marido morra, não desperdice energia mental sentindo-se culpada por isso. Gaste essa energia fazendo algo para resolver os conflitos entre vocês.

Divida problemas grandes em problemas pequenos. Avance passo a passo na direção de seus objetivos.

Admita o fracasso. Não dá para saber se uma estratégia vai funcionar antes de testá-la. Quando não der certo, aprenda com a experiência e mude de tática.

Arrisque. Sua mente vai inventar todos os tipos de desculpa para você não tentar uma terapia de casais ou não falar sobre seus sentimentos. Ignore essas desculpas. Se seu casamento estiver realmente no fundo do poço, que mal uma nova estratégia pode fazer? Pare de não fazer nada. Tente alguma coisa – *qualquer coisa*.

Acredite no futuro de vocês. Sem fé num futuro juntos, você não conseguirá perseverar quando os resultados não forem satisfatórios. E o caminho será duro muitas vezes.

Seja paciente. É preciso muito mais do que um beijo para transformar um sapo num príncipe encantado.

Todos os dias, durante o andamento do Projeto, diga a si mesma: "Eu escolhi ficar casada." E estar casada é uma escolha. Uma escolha sua. Você tem o controle.

Sempre que se sentir tentada a desistir, visualize como a vida de vocês pode ficar depois que o Projeto estiver terminado. Gaste o tempo que for necessário com essa fantasia. Com o tempo, ela se tornará realidade.

Passo 3: Envolva seu marido

Diga ao seu parceiro como você se sente. Explique como você gostaria que as coisas fossem. Se ele resistir, seja firme. Dê um ultimato, se necessário. Use estes conselhos:

Visualize a experiência antes de fazê-la.

Mantenha a positividade. Sua mente vai criar todos os cenários negativos possíveis. Contrabalance-os com imagens realistas e positivas.

Se você tem medo de parecer melodramática ao dizer o que sente, escreva uma carta e dê a ele.

Conte para ele suas fantasias de morte. Diga algo do tipo:

"Estou com tanta raiva que imaginei você tendo um infarto fulminante." Então você poderá falar sobre sua mágoa e conversar sobre o que farão a respeito.

Só lhe dê um ultimato se estiver verdadeiramente convencida de que deseja isso. Não faça ameaças que não pretende cumprir. Se optar pela estratégia acima, use-a quando estiver calma. Mantenha a voz equilibrada o tempo todo. Sorria, se puder.

Explique o motivo de sua infelicidade. Tente não culpar o parceiro por seu infortúnio.

Sugira um plano de mudança. Peça a ajuda dele.

Combine uma noite por semana para ser a "noite de resolução de problemas". A cada semana, discuta um problema que gostaria de ver resolvido e convide seu companheiro a falar sobre o problema que ele gostaria de resolver. Trabalhem juntos para descobrirem soluções viáveis, com as quais ambos consigam viver. Você não vai precisar fazer isso pelo resto da vida, mas, no começo do Projeto, vai ser importante que o faça. Sem uma data combinada para conversar sobre os problemas, é muito fácil ignorá-los e acreditar que desaparecerão sozinhos.

Passo 4: Pare de brigar por assuntos passados

Cada vez que cutucamos uma velha ferida durante uma discussão, estamos colocando a culpa da nossa infelicidade no parceiro. Mas a culpa não é só dele. Em parte, é nossa culpa também. Agarrar-se a rancores nos impede de melhorar o casamento. Se você se mantiver presa a fatos negativos do passado, nunca será capaz de criar um futuro melhor.

Entretanto, sei que perdoar é difícil. Eu já passei por isso, lembra? Veja como me libertei dos ressentimentos. Espero que funcione para você também.

Nunca se esqueça de que você também é parte do problema. Seu marido não tem sido perfeito, mas você também não. Quando vir a si mesma como uma pessoa que merece perdão, conseguirá ver seu marido da mesma forma.

Relembre tudo o que a deixou furiosa. Anote. Analise cada fato junto com seu companheiro e peça a ele que se desculpe.

Seja paciente. Leva tempo se acostumar a enxergar seu marido como a pessoa que ele é hoje e não como a pessoa que ele foi ontem.

Faça uma lista de tudo o que ele estiver fazendo certo para que você possa se lembrar dos progressos que ele fez.

Relembre os motivos que fizeram você se apaixonar por ele. Se não conseguir se lembrar, continue pensando até conseguir.

Escrevam e troquem cartas de amor.

Passo 5: Ponha mãos à obra

Se você não tem vontade de fazer sexo com seu companheiro, algo está errado. Se você tiver algum problema de saúde que torne o sexo doloroso, procure um médico. Mas, como você está lendo este livro, acredito que não queria fazer sexo porque:

- não sente mais atração por seu marido ou
- não o suporta.

Faça alguma coisa para resolver isso.

Invista em seu casamento. Você nunca vai querer transar com um homem que não quer nem ver por perto. Converse sobre o que está errado. Dê um tempo para as coisas entrarem nos eixos. Depois marque uma data para retomar sua vida sexual.

Faça uma depilação. Compre lingerie. Compre um vestido sensual. Use salto alto.

Aprenda a relaxar. A tensão é outra forma de excitação. Se você se sente prestes a explodir, aprenda a ler o que isso significa. Você precisa transar, minha cara.

Faça sexo com regularidade. Quando mais você se conectar sexualmente ao seu companheiro, mais sexualmente atraente ele se tornará.

Quando sua vida sexual tiver sido resgatada, faça todo o possível para mantê-la quente. Informe-se. Lembre-se de que a atração é muito parecida com uma fogueira: é preciso alimentá-

-la sempre para que continue queimando. Nesse caso, o alimento vem sob a forma de experimentações. Você já está acostumada ao seu companheiro. Não existe mais novidade nenhuma na relação. Mas você pode recriar a novidade experimentando coisas diferentes. Tente novas posições. Compre uma lingerie sexy. Transe em outros lugares. Explore o mundo das sexy shops, da dramatização e do erotismo. Compartilhe suas fantasias sexuais. Abra sua mente. Divirta-se.

Passo 6: Resgate o romance
Continuem namorando. Continuem se tocando. Continuem se abraçando. Continuem a dizer "Eu te amo" em palavras e atitudes. Siga estes conselhos:
Relembre os primeiros tempos do relacionamento. O que ele fazia naquela época que não faz mais? Pense nos amigos de seu marido, especialmente naqueles que são naturalmente românticos. Como eles tratam a esposa? Pense nos personagens românticos dos filmes e livros. O que eles fazem?
Anote tudo em um Manual de Instruções Românticas.
Dê o manual ao seu marido e peça que ele o leia.
Sempre que seu parceiro adotar qualquer atitude descrita no manual, recompense-o com sexo.
Seja romântica também. Repare nele. Você já percebeu como anda a aparência dele atualmente? Observe o novo corte de cabelo. Observe como ele fica com determinadas roupas. Enxergue-o de verdade. Elogie-o. Toque-o. Sorria. Diga "Obrigada".

Passo 7: Aprenda a falar alto... mas não alto demais
Pare de querer que ele leia a sua mente. Ele não tem esse poder.
É melhor conversar sobre os problemas cedo do que esperar até que seja tarde demais. Se você deixá-los sem solução por muito tempo, será como tentar limpar restos de comida que ficaram em pratos deixados dentro da pia por uma semana.

Não espere que as coisas se resolvam sozinhas. Isso equivale a tentar ganhar na loteria sem comprar um bilhete.

Antes de confrontar seu parceiro, acalme-se. Vá caminhar ou correr. Ligue para uma amiga e desabafe. Quebre uma taça de vinho que você ganhou de presente de casamento.

Quando tiver se acalmado, converse serenamente sobre o assunto. Diga a ele como você se sente e explique por que se sente assim. Converse sobre maneiras de evitar esse problema no futuro. Você gostaria que ele mudasse de comportamento? Por exemplo, você quer que seu marido pare de falar com você num determinado tom de voz, que não faça piadas constrangedoras na frente de suas amigas ou que dê mais atenção aos filhos?

Fale um de cada vez. Se necessário, tirem cara ou coroa para ver quem começa. Enquanto um estiver falando, o outro deverá estar ouvindo. Repita o que seu marido acabou de dizer. Isso a forçará a prestar atenção.

Concentre-se em resolver o problema e não em fazer seu marido se sentir culpado.

Sempre que sentir a raiva tomando conta de você durante uma dessas conversas, lembre-se de que seu objetivo é chegar a um acordo e não vencer a discussão.

Se a raiva persistir, repita esta frase para si mesma: "Aceite a derrota. Entregue a vitória." E faça-o de verdade. Você ganha mais poder com a rendição do que com a conquista. Mas você só vai descobrir isso depois de experimentar.

Quando você perder o controle e começar a dizer palavrões, perdoe-se. Você é uma boa comunicadora em treinamento. Essa é uma habilidade que requer muita prática, como qualquer outra. Continue treinando e você vai melhorar cada vez mais.

Passo 8: Sinta-se compreendida

Tenha como objetivo conhecer seu parceiro melhor do qualquer outra pessoa e permitir que ele também a conheça como ninguém. Siga estes conselhos:

Se ele não quiser conversar sobre o sentido da vida, não insista. Você não se casou com o Mestre Yoda. Você se casou com um homem. Seja grata por isso.

Descubra o que é importante para ele. Quais são seus passatempos? Quais são seus valores? O que ele mais teme? O que ele mais ama? Qual é a sua ideia de um dia perfeito? Quais são seus livros e filmes favoritos? Quais sites da internet ele procura? Qual é a sua comida preferida? Para onde ele sempre quis viajar? Que sonho de vida ele deseja alcançar? Conhecer as respostas a essas perguntas vai aprofundar o seu relacionamento.

Não faça contato visual. Acessar os próprios sentimentos será mais fácil para seu parceiro se você não estiver olhando diretamente para ele. Conversem quando estiverem no carro, por exemplo. É muito menos ameaçador para ele do que se estiverem cara a cara.

Passo 9: Escreva um discurso de despedida para ele

Quando olho para trás, para aqueles dias ruins do meu casamento, posso ver claramente que minha fantasia sobre o enterro dele me ajudou a nos salvar. Ela me ajudou a admitir para mim mesma que nossa relação estava com sérios problemas. Pensar na morte do meu marido me forçou a escrever seu discurso fúnebre, o que me fez perceber que ele não era 100% ruim. Aconselho você a fazer o mesmo. Isso vai ajudá-la a se lembrar de valorizar seu companheiro.

Escreva o discurso aos poucos. Seu marido provavelmente ainda tem muitos anos pela frente. O texto não precisa ficar perfeito até o dia do enterro.

Tente perceber o que seu parceiro faz certo. Ele coloca comida para o seu gato todos os dias porque o cheiro da ração faz com que você tenha vontade de vomitar? Acrescente isso ao discurso.

Imagine o que as outras pessoas diriam num discurso fúnebre sobre seu marido. Que pontos positivos elas teriam a dizer?

Termine a frase: "Se alguém realmente conhecesse meu marido, saberia que..."

Pense na época em que você o conheceu. Em que ocasiões ele a fez rir? Quando ele a fez chorar de alegria? Quando a surpreendeu? Quando fez coisas que normalmente não faria? Acrescente ao discurso.

Passo 10: Repita sempre que for necessário

Muitas vezes, você vai se sentir tentada a parar de tentar. Você vai amaldiçoar os céus, perguntando: "Tem que ser difícil assim?" Sim, tem que ser.

Um casamento nunca se cura. É um projeto para toda a vida. Aceite esse fato.

QUESTÕES PARA REFLEXÃO

1- Numa escala de 1 (quero que meu cônjuge morra) a 10 (meu cônjuge é tudo para mim), como você classificaria o seu casamento e por quê?

2- Por que você se apaixonou pelo seu parceiro? O que você ainda ama nele?

3- Há alguma mágoa do passado que você traz à tona durante as brigas? Em caso afirmativo, por que não perdoou o seu cônjuge pelas atitudes que provocaram essa mágoa?

4 - Quando você é confrontada pelo seu cônjuge e sabe que está errada, sua reação é pedir desculpas ou tentar provar sua inocência? Por quê?

5 - Com que frequência você acha que devem fazer sexo? De que maneiras vocês podem ajudar um ao outro a ficarem dispostos para o sexo?

6 - Como você define romance? Como gostaria que seu parceiro demonstrasse romantismo?

7 - Você costuma expressar seu descontentamento ou fica esperando que seu parceiro leia a sua mente? Como seu cônjuge pode ajudá-la a sentir-se mais à vontade ao colocar seus sentimentos para fora?

8 - De que maneiras vocês podem se conhecer melhor? Revele uma coisa que seu cônjuge desconheça a seu respeito. Por que você manteve isso em segredo?

9 - Se você morresse hoje, como gostaria que seu cônjuge se lembrasse de você?

10 - Alguma vez você já fez planos para sua vida, no caso de seu marido morrer de repente? Você se sentiu culpada por isso?

11 - Que ilusões você tinha sobre o casamento e que agora não tem mais?

12 - Como os contos de fadas, as novelas, os filmes e os livros distorceram suas ideias sobre o que é um casamento feliz?

13 - Existe alguma coisa que você tenha medo de dizer ao seu cônjuge? Por que?
14 - Você alguma vez desejou que ele pudesse ler seus pensamentos?
15 - Você costuma dizer "tudo bem" quando, na verdade, está furiosa?
16 - Você acredita em almas gêmeas? Em caso afirmativo, você acha que seu cônjuge é a sua?

NOTA DA AUTORA

Tentei contar esta história da maneira mais verdadeira possível. Pedi à maioria dos personagens descritos – inclusive Mark e minha mãe – que lessem um ou mais rascunhos do livro e comentassem sobre qualquer parte que achassem não ser verdade. Usei os nomes verdadeiros de quase todos os personagens. Meus namorados antigos são exceções. Eles merecem privacidade. Eu os retratei conforme a minha visão e contei a história através das lentes da minha infelicidade. Eles foram bons para mim de várias maneiras e possuíam qualidades admiráveis que não descrevi neste livro de propósito.

É claro que eu poderia ter acrescentado muitas cenas que revelariam a natureza afetuosa de meu marido. Por exemplo, a vez que ele ficou na chuva por duas horas, incentivando-me a continuar a dar voltas no parque quando eu treinava para uma maratona. Eu poderia ter escrito muitas histórias elogiosas sobre ele. Mas só não o fiz porque elas iriam contradizer o ponto que eu estava tentando demonstrar. Acho que ele entendeu isso.

INFORMAÇÕES SOBRE OS
PRÓXIMOS LANÇAMENTOS

Para saber mais sobre os títulos e autores
da EDITORA SEXTANTE,
visite o site www.sextante.com.br
ou siga-nos no Twitter @sextante.
Além de informações sobre os próximos lançamentos,
você terá acesso a conteúdos exclusivos e poderá participar
de promoções e sorteios.

Se quiser receber informações por e-mail,
basta cadastrar-se diretamente no nosso site.

Para enviar seus comentários sobre este livro,
escreva para atendimento@esextante.com.br
ou mande uma mensagem para o Twitter @sextante.

Editora Sextante
Rua Voluntários da Pátria, 45 / 1.404 – Botafogo
Rio de Janeiro – RJ – 22270-000 – Brasil
Telefone: (21) 2538-4100 – Fax: (21) 2286-9244
E-mail: atendimento@esextante.com.br